Actúa como dama,
pero piensa como hombre

Actúa como dama,

PERO PIENSA COMO HOMBRE

Lo que los hombres realmente piensan acerca del amor,
la intimidad, las relaciones y el compromiso

Steve Harvey

con la colaboración de Denene Millner

Copyright © Steve Harvey 2009
Título original: *Act Like a Lady, Think Like a Man*.
Publicado originalmente por Amistad, una empresa de HarperCollins Publishers.

De esta edición:
D. R. © Santillana Ediciones Generales, S.A. de C.V., 2009.
Av. Universidad 767, Col. del Valle.
México, 03100, D.F. Teléfono (55 52) 54 20 75 30
www.editorialaguilar.com

Primera edición: diciembre de 2009
ISBN: 978-607-11-0408-3

Traducción: María Bravo
Diseño de portada y de interiores: Victor M. Ortíz Pelayo - www.nigiro.com
Fotografía de portada: www.123rf.com

Impreso en México

*Este libro está dedicado a todas las mujeres.
Mi deseo es empoderarlas, brindándoles
una mirada profunda a la mente de los hombres.*

Índice

Introducción

Todo lo que necesitas saber sobre los hombres y las relaciones, está aquí

Durante más de veinte años me he ganado la vida haciendo reír a la gente: hago que se rían de sí mismos, de los demás, de la familia y los amigos, y sobre todo, del amor, del sexo y las relaciones. Mi humor tiene raíces en la verdad y en la sabiduría —el tipo de sabiduría que genera vivir, observar, aprender y saber. Muchos me dicen que mis chistes llegan a la gente porque es fácil identificarse con ellos, especialmente los que exploran la dinámica entre hombres y mujeres. No deja de asombrarme lo mucho que la gente habla de las relaciones, piensa sobre ellas, lee, pregunta —y hasta se mete en ellas sin tener ni la menor idea de cómo hacerle para que resulten. Si algo he aprendido en mi viaje por este mundo de Dios es: a) demasiadas mujeres ignoran todo acerca de los hombres; b) los hombres se salen con la suya en muchas cosas dentro de la relación porque las mujeres nunca han entendido cómo piensan; y c) tengo información de primera mano para que esto cambie.

Lo descubrí cuando mi carrera se expandió al radio con el programa matutino *El show de Steve Harvey*; hace tiempo, cuando vivía en Los Ángeles, había un segmento llamado "Pregúntale a Steve", en él, las mujeres llamaban y preguntaban cualquier cosa acerca de las relaciones. Cualquier cosa. Pensé que por lo menos, "Pregúntale a Steve" me daría material para algunos chistes, y al principio eso era para mí, materia prima, pero no tardé mucho en descubrir que mis radioescuchas, mujeres en su mayoría, pasaban situaciones nada cómicas; tenían docenas de necesidades y preocupaciones en sus vidas, problemas por resolver: salir con hombres, falta de compromiso por parte de ellos, dificultades familiares, sueños para el futuro, espiritualidad, complicaciones con los suegros, autoimagen, envejecimiento, amigos, balancear la casa y el trabajo, educación... Me preguntaban sobre todos los temas imaginables. Y encabezando la lista de los asuntos sobre los que querían saber estaban —ya lo adivinaste— los hombres.

Mis oyentes mujeres querían respuestas —respuestas que las ayudaran a obtener de las relaciones, por lo menos lo mismo que ellas estaban ofreciendo. En esos segmentos de "Pregúntale a Steve", y ahora en las "Cartas fresas", espacio dedicado a este fin en la nueva versión de *El Show de Steve Harvey*, las mujeres han dejado en claro que buscan un intercambio equitativo con los hombres; quieren que su amor sea recíproco, que sea devuelto en la medida que lo ofrecen; quieren que su vida romántica sea tan satisfactoria para ellas como para ellos; que las emociones que ponen a todo volumen, obtengan respuesta con la misma intensidad; que la relevancia que otorgan al compromiso sea mutua, algo valorado y respetado. El problema común a muchas radioescuchas es que no se sienten correspondidas, por lo que terminan decepcionadas, disminuidas y desencantadas con sus relaciones fallidas.

Cuando se acababan los chistes, cerrábamos el micrófono y apagábamos las luces del estudio, y yo pensaba en aquello que las mujeres me preguntaban día con día, me quedaba increíblemente perplejo porque aunque se supone que mis oyentes mujeres tenían algún tipo de experiencia con los hombres —ya fueran amigos, novios, amantes, esposos, maridos, padres, hermanos y colegas—, genuinamente deseaban saber cómo obtener el amor que necesitaban, querían y merecían. Concluí que las verdades que buscan nunca les parecen tan obvias como nos parecen a los hombres. Aunque traten, las mujeres no saben qué hacer con nosotros.

Con esto en la cabeza, dejé de hacer chistes y me puse a escuchar de verdad a mi público. Con mis respuestas comencé a develar cierta sabiduría sobre los hombres —sabiduría obtenida a través de trabajar durante más de medio siglo tras un solo objetivo: ser un hombre. También me he pasado muchísimas horas conversando con mis amigos, todos hombres. Son atletas, estrellas del cine y la televisión, vendedores de seguros y banqueros, hombres que manejan camiones, entrenadores de equipos de básquet, ministros y

13

pastores, instructores de *boy scouts*, gerentes de tiendas, ex convictos, presos, y sí, hasta vividores. Hay una verdad muy obvia acerca de cada uno de nosotros: somos gente simple que piensa de forma parecida.

Al filtrar mis respuestas a través del lente por el que los hombres perciben las relaciones, las mujeres de mi público comenzaron a entender por qué las complejidades y los matices que traen a sus relaciones con el sexo opuesto, no las ayudan en nada. Les he enseñado que esperar que un hombre responda como lo haría una mujer nunca funcionará. Han comprendido que si se acercan a los hombres con una visión clara de cómo relacionarse en los mismos términos, en el terreno masculino, conseguirán lo que quieren.

De hecho, mis consejos para la gente que me llamaba al show adquirieron tal popularidad que mis fans —hombres y mujeres—comenzaron a preguntarme cuándo escribiría un libro sobre relaciones, algo que ayudara a las mujeres que quisieran una relación sólida y comprometida, a conseguirla, y ayudar a los hombres a prepararse para ser reconocidos por lo que están dispuestos a dar en una relación así. Tengo que admitirlo: al principio no veía la utilidad de escribir un libro de relaciones, después de todo, ¿tenía algo importante que añadir a lo que ya decía en las conversaciones que sostenía con mi público, un público de millones de oyentes? Y más importante, ¿quién me tomaría en serio? Caray, ni siquiera soy escritor.

Pero me puse a pensar en las relaciones que he tenido en la vida, hablé con mis amigos hombres y algunas de mis colegas mujeres y armamos algunos grupos de trabajo

14

informal. Consideré el impacto que las relaciones han tenido sobre cada uno de nosotros y, especialmente, en mí. ¿Mi padre? Estuvo casado con mi madre sesenta y cuatro años. Mi madre fue invaluable para él. Y ella fue invaluable para mí, la persona que más me ha marcado en la vida. Igualmente valiosas son para mí mi esposa y mis hijas. De hecho, mis niñas y mi preocupación por su futuro me inspiran a hacer esto. Ellas crecerán con los mismos sueños que tienen la mayoría de las mujeres: el esposo, los niños, la casa, la vida feliz, el amor verdadero, y deseo desesperadamente que se ahorren ser confundidas y engañadas por los juegos que los hombres han inventado para perpetuar su avaricia y egoísmo, la avaricia y egoísmo que le mostramos al mundo antes de convertirnos en los hombres que Dios quiere que seamos. Yo sé —por mi madre, por mi esposa, por mis hijas y los millones de mujeres que me escuchan por la radio cada mañana—, que ellas necesitan una voz, alguien que las ayude a lidiar con todo tipo de trucos y engaños para obtener aquello que realmente anhelan. Concluí que podría ser el tipo que desde el otro lado de la cerca diga: "Les voy a contar los secretos, la verdad acerca de los hombres, las cosas que desearíamos que ustedes supieran de nosotros, pero que no podemos revelarles, o perdemos..."

En suma, *Actúa como dama, pero piensa como hombre* es como una especie de instructivo para jugar. No sé si recuerden que hace algunos años los Patriotas de Nueva Inglaterra fueron protagonistas de uno de los escándalos más sonados de la historia de la NFL, y es que los investigadores de la NFL descubrieron que habían grabado videos de las prácticas y aprendido a leer los labios para pronosticar las estrategias de sus adversarios, acción que les dio una gran ventaja ante sus rivales. Estas trampas sucias del equipo, equivalían a leer las instrucciones de los rivales. Con esta ventaja ganaron muchos juegos.

Es por algo así que deseo que muchas mujeres lean *Actúa como dama, pero piensa como hombre*, quiero que todas las mujeres que quieren una relación sólida y no saben cómo lograrla, y aquellas que ya están en una relación pero que ignoran cómo mejorarla, se olviden de todo lo que han aprendido acerca de los hombres: que borren los mitos, las herejías, lo que mamá dijo, lo que las amigas opinan, los consejos de revistas y televisión, para que conozcan aquí, en estas páginas, cómo son los hombres. Los hombres cuentan con que las mujeres sigan aceptando los consejos de otras mujeres, que desconocen nuestras tácticas y la forma en que pensamos. *Actúa como dama, pero piensa como hombre* lo cambiará; si sales con alguien y quieres que la relación progrese y se consolide, este libro es para ti. Si estás en una relación comprometida y seria, y quieres el anillo de compromiso, este libro es para ti. Si estás casada y quieres recuperar el control y reforzar los lazos, o si estás cansada de que jueguen contigo, usa este libro como herramienta, toma cada uno de los principios, reglas y consejos incluidos en esta guía —práctica y pragmática— y úsalos para anticiparte a los planes de los hombres, y responder con una ofensiva y una defensiva imparables. Porque créanme: el instructivo con el que cuentan está pasado de moda y los juegos son

16

obsoletos; de hecho, la mejor arma de su arsenal, esa que las hace pensar que pueden entrar en la vida del hombre y "cambiarlo", es la menos útil, ¿por qué? Porque no importa lo que otras mujeres griten desde las portadas de las revistas, o lo que se digan unas a otras cuando se van de viaje, o lo que se escribe en los blogs de aquí a Tombuctú: hay cosas básicas de los hombres que nunca van a cambiar. No importa qué tan buena seas para él o qué tanto le convengas, hasta que logres comprender cómo le funciona la mente, qué lo empuja, qué lo motiva y cómo ama, serás vulnerable a sus engaños y a los juegos que los hombres juegan. Este libro te permitirá saber cómo le funciona la cabeza, y podrás adaptar su manera de jugar a tus planes, tus sueños, tus aspiraciones; lo mejor es que serás capaz de deducir si planea quedarse contigo o si sólo te está usando.

Así que, actúa como una dama, ¡pero piensa como un hombre!

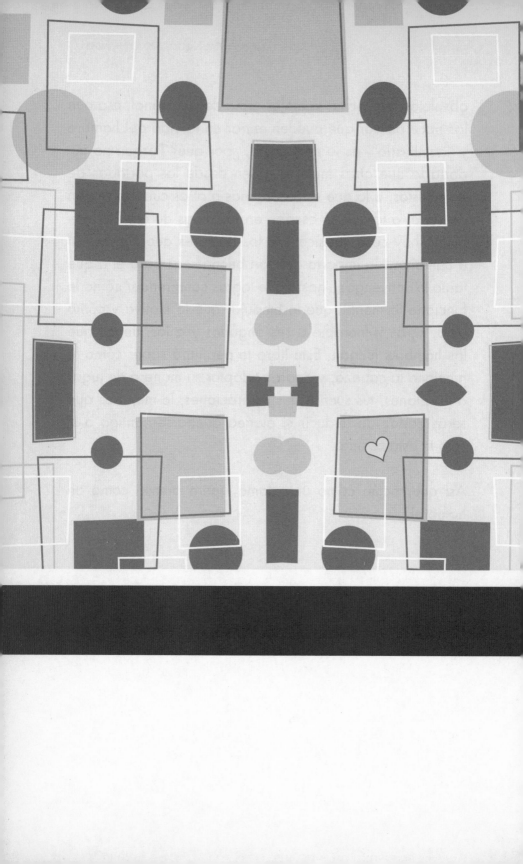

PRIMERA PARTE
LA ESTRUCTURA MENTAL MASCULINA

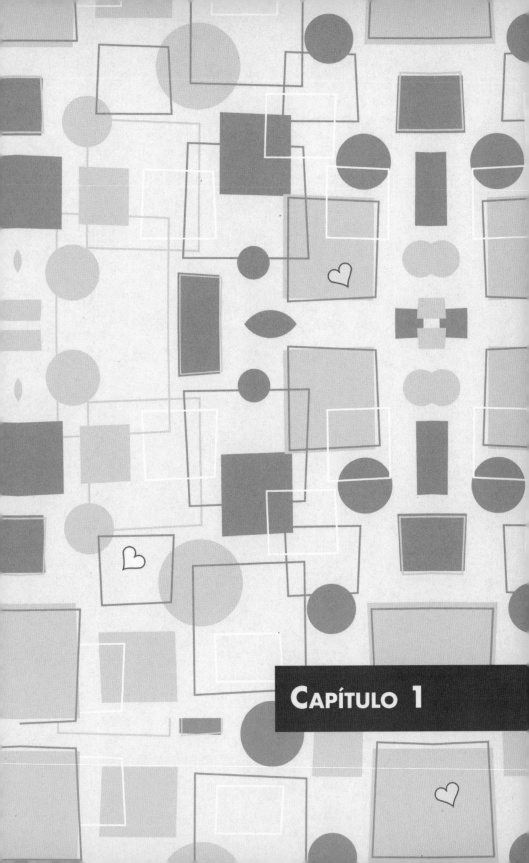

Capítulo 1

Qué impulsa a los hombres

No hay frase más verdadera que: los hombres son simples. Si es lo primero que te grabas, lo que vayas aprendiendo sobre nosotros en este libro caerá en su lugar. Una vez entendido, tendrás que comprender algunas verdades esenciales: a los hombres los impulsa lo que son, lo que hacen y cuánto ganan. No importa si es un director de compañía o un exconvicto, o las dos cosas, todo lo que él haga será filtrado a través de su título (quién es), cómo le hace para mantener ese título (su quehacer en la vida) y la gratificación que obtiene por ese esfuerzo (cuánto gana). Estas tres cosas forman al ADN básico de la masculinidad, son tres rubros que deberá satisfacer para sentir que ha colmado su destino de hombre. Y hasta que haya logrado sus metas en esas tres áreas, el hombre con quien sales, con quien estás comprometida o casada, estará demasiado ocupado para prestarte atención.

Piénsalo: desde el momento en el que nace un niño, los primeros sonidos que escuchará serán las voces de la gente que lo rodea diciéndole qué debe hacer para convertirse en un hombre de verdad. Se le enseña a ser aguantador —a luchar, trepar, levantarse del suelo sin llorar, a no dejarse de nadie. Se le enseña a trabajar duro —a hacer cosas en la casa, sacar las bolsas del súper del coche, sacar la basura, limpiar la nieve, cortar el pasto y en cuanto llegue a la edad correcta, a conseguirse un trabajo. Se le enseña a proteger —a cuidar a su madre, vigilar a sus hermanos menores, la casa, las propiedades de la familia. Especialmente se le alienta para que ponga en alto el apellido, que haga algo con su vida para que, en cuanto entre en una habitación, todo el mundo tenga claro quién es él, qué es lo que hace y cuánto gana. Cada uno de estos elementos es una constante de la preparación para convertirse en una sola cosa: un hombre.

La búsqueda de la hombría no termina cuando el niño crece. De hecho, se magnifica. Su objetivo será el mismo que antes y seguirá igual: quién es, qué hace y cuánto gana, hasta que sienta que ya cumplió con su misión. Y si no ha logrado todavía estos objetivos, las mujeres tendrán un lugar muy limitado en el ámbito de su vida. No va a pensar en casarse, sentar cabeza o comprar una casa hasta que no tenga estos asuntos resueltos. No digo que ya la "haya hecho", pero al menos debe sentir que está en camino de lograrlo.

Esta es, de verdad, la forma en que funcionó para mí. No olvidaré jamás lo decepcionado, frustrado y triste que me sentí cuando, a mis veinte años, me despidieron de la Ford Motor Company. De por sí ya me había salido de la universidad, y sin trabajo apenas tenía dinero suficiente para ver por mí, no digamos por una familia. Esto me dejó muy indeciso acerca del futuro, ¿qué haría?, ¿cuánto ganaría?, ¿cuál sería mi título? Ya no podía ser ni "graduado en la universidad", ni "inspector en la Ford"; como no tenía trabajo, la probabilidad de llevar una buena quincena a la casa era mínima y no tenía la menor idea de cómo hacer dinero. Me tardé un rato en ponerme de pie. Trabajé en varias cosas: tuve un negocio de limpieza de alfombras; vendí alfombras; vendí productos Amway y una dieta que se llamaba la Dieta bahamiana de Dick Gregory, y también trabajé como vendedor para la aseguradoras ALW y Commonwealth. Poner mi vida de nuevo en orden me estaba costando mucho. Encontrar a una mujer seria, con la cual sentar cabeza, era lo último que me pasaba por la mente.

Hasta que una noche, una mujer para la que escribía chistes me animó para que fuera a un club local de comedia y me inscribiera en la noche de los aficionados. La verdad es que sabía que era chistoso y había hecho algún dinero —poquitos dólares— escribiendo material para cómicos locales que empezaban a buscar su lugar en la industria. Pero como fuera, la mujer vio algo en mí, y me animó a subirme al escenario.

Así que lo hice y me fue perfecto. Gané cincuenta dólares, puede parecer poco dinero, pero yo estaba en quiebra y sentí que eran 5000. ¡Y por hacer chistes! Y me garantizaron otros cincuenta dólares si, como ganador, abría en la próxima noche de aficionados. Al día siguiente fui a una imprenta y me gasté quince dólares de mis ganancias en hacer unas tarjetas de presentación que además de mi número de teléfono decían: Steve Harvey. Comediante. El papel era delgado y no tenían el menor relieve, pero esas tarjetas decían que yo soy Steve Harvey (quién soy), y que tengo un talento especial para hacer reír (lo que hago). Cuánto iba a hacer, bueno, eso estaba por verse, pero ya tenía resuelto "quién soy" y "qué hago".

Si los hombres no perseguimos nuestros ideales: quién soy, qué hago y cuánto dinero gano, estamos perdidos. Muertos. Pero en el momento en el que acomodamos las piezas del rompecabezas, y sentimos cómo nuestros sueños se empiezan a concretar, una nueva vida nos anima. Nos hace vibrar, nos entusiasma. Desde que me convertí en comediante, subí al escenario listo para ser el mejor entre los mejores.

Aún hoy, no importa lo cansado que esté, o lo que me pase en la vida, nunca llego tarde a trabajar, nunca he faltado a una fecha. ¿Por qué? Porque cuando me despierto en las mañanas, mi sueño está hecho realidad y lo vivo a todo color, ya sea en el show del radio, o en los distintos proyectos que tengo en televisión, en vivo, en el escenario, cuando hago mi show en teatro. Estoy seguro de quién soy: Steve Harvey. Estoy seguro de lo que hago: comedia. Y cuánto dinero hago con eso está exactamente en la línea de lo que yo quería tener para mi familia y para mí.

Ahora puedo atender las necesidades de mi familia. Toda la pintura de mi casa, los techos de metal, los sillones de piel, los perros en el jardín, los coches en el garaje, las colegiaturas, todo está pagado, todo está listo. Puedo proveer como siempre quise, protegerlos como me enseñaron desde chico que debía hacerlo y, por eso, ante los ojos de mi familia soy, sin lugar a dudas, un hombre. Por eso cuando me voy a dormir, lo hago con la mente despejada.

Este es el impulso que empuja a todo hombre, ya sea el mejor jugador de la NBA o el mejor entrenador de ligas infantiles en algún suburbio de Minnesota; ya sea el director de una de las compañías más poderosas del mundo, o el supervisor de la panadería local; ya sea el jefe de una banda de delincuentes, o el jefe de la pandilla de la esquina. En el ADN del género masculino está grabado que debemos ser los proveedores y protectores de la familia, y todo lo que hacemos en la vida está encaminado a que suceda. Si un hombre puede sufragar un lugar dónde vivir, puede proteger a su familia de los elementos; si puede costear un par de tenis para su hijo, puede sentirse seguro de que lo enviará a la escuela y que el niño se sentirá animoso y contento; si puede pagar la carne en la tienda o el mercado, entonces tendrá la tranquilidad de que puede alimentar a la familia. Esto es todo lo que un hombre quiere. Si no tiene esto, si le falla en cualquier detalle, no se sentirá completo en su hombría.

Además de todo queremos ser el número uno. Queremos ser EL MEJOR en algo. Estar a cargo. Sabemos que no vamos a ser el capitán en todas las situaciones, pero en algún lugar de nuestra vida debemos ser a quien todos respetan, es muy importante para nosotros. Queremos el derecho a presumir. El derecho a decir: "Soy el número uno", derecho que a las mujeres parece no importarles, aunque para

27

nosotros lo es todo. Y una vez que lo hemos conseguido, es esencial alardear acerca de lo que implica ser el mejor. Tenemos que lucirnos, y las mujeres deben verlo, si no, ¿qué caso tiene ser el número uno?

Es importante que lo consideres, debes saber cuál es el mayor impulso en un hombre. Es por eso que no pasa tanto como debiera en la casa y sí en el trabajo; por lo que está tan pendiente de su dinero; él, en su mundo siempre será juzgado y valorado por los otros hombres en virtud de quién es, qué hace y cuánto dinero gana. Eso afecta su estado de ánimo, si él no está donde quisiera estar, o no encuentra el camino para llegar allí, sus cambios de ánimo en la casa tendrán más sentido para ti, su incapacidad para sentarse a platicar contigo, tendrá más lógica y podrás comprenderlo. Su mentalidad de "estar en la lucha" te parecerá más clara. Porque de verdad, todo está relacionado con sus tres impulsos.

Si él aún no tiene claro quién es, qué hace y cuánto dinero logrará de la forma que cree justa, no hay manera de que sea para ti lo que todavía no es. Lo que significa que no podrás tener al hombre que necesitas. No puede andar platicando contigo o soñar con casarse y tener una familia si lo agobia la falta de dinero y no sabe cómo tener más, cómo conseguir una mejor posición social, cómo ser el tipo de hombre que requieres.

En mi experiencia, este tipo de información no le cae muy bien a la mayoría de las mujeres. Muchas consideran que si un hombre las ama de verdad, los dos deberían ir juntos tras sus sueños. La estabilidad es importante para ustedes, pero preferirían construir los cimientos de sus vidas juntos, sin importarles cuál es la situación social del hombre. Esto es muy honorable, pero así no funciona la mente masculina. Él siempre tendrá la mirada puesta en la meta, y esa meta puedes no ser tú si aún no llega adonde pretende; es imposible para nosotros concentrarnos en ambos propósitos, lo siento, pero no somos tan inteligentes.

No quiero decir que el hombre debe tener un montón de dinero ya; sino que mientras vea que sus sueños van por buen camino —sabe qué será, sus decisiones lo llevan hacia donde quiere estar y tiene la certeza de que el dinero llegará—, entonces podrá relajarse un poco, pues se sabrá cerca de lo que anhela. La forma en que puedes ayudarlo es alentando su propósito, imaginando el futuro y realizando el proyecto. Si te puedes ver en ese plan —tendrás una idea más clara de esto cuando leas el apartado "Las cinco preguntas que toda mujer debe hacerse antes de involucrarse emocionalmente"—, entonces únete a él. Porque cuando alcance la situación de éxito que ambiciona, será un hombre mejor y más feliz, y tú serás feliz también.

Capítulo 2

Nuestro amor no es como el amor de ustedes

No hay cosa en este planeta que se pueda comparar con el amor de una mujer —es tierno y compasivo, paciente y nutricio, generoso, dulce e incondicional. Puro. Si eres su hombre, ella caminará sobre agua o atravesará montañas por ti, no importa de qué tamaño haya sido el error, la locura que hayas cometido, el tiempo que necesites o cuánto la necesites. Si eres su hombre, ella hablará contigo hasta que ya no queden más palabras, te animará cuando estés en el fondo del abismo y creas que no hay salida, te tomará en sus brazos cuando estés enfermo y reirá contigo cuando estés bien. Y si eres su hombre y esa mujer te ama —y quiero decir, de verdad te ama— te hará brillar cuando estés cubierto de polvo, subir cuando estés abajo, te defenderá aunque no esté segura de que tienes la razón y escuchará cada una de tus palabras, aunque no digas nada que valga la pena ser escuchado. Y no importa lo que hagas, cuántas veces sus amigas le digan que no le convienes, cuántas veces le cierres la puerta a la relación, ella te ofrecerá lo mejor y hasta más, y seguirá tratando de ganarse tu corazón, aunque actúes como si lo que ella hace para demostrar que eres el bueno no fuera suficiente.

Eso es el amor de mujer, y resiste a las pruebas que le imponen el tiempo, la lógica y todas las circunstancias.

Y es, exactamente de esta manera, como ustedes esperan que nosotros los hombres las amemos. Pregúntale a cualquier mujer, cuál es el amor que desea de un hombre y te dirá algo que sonará así, más o menos: quiero que él sea modesto e inteligente, chistoso y romántico, sensible y gentil, y sobre todo, solidario. Quiero que me mire a los ojos y me diga que soy hermosa y que lo completo. Quiero a un hombre que sea lo suficientemente vulnerable como para llorar cuando esté sufriendo, que cuando me presente a su madre sonría con orgullo, que ame a los niños y a los animales, dispuesto a cambiar pañales y lavar los platos y hacer todo eso sin que yo se lo tenga que pedir. Si además tiene buen cuerpo y dinero, y usa zapatos caros y bien lustrados sería genial. Amén.

Bueno, pues estoy aquí para decirte que esperar ese tipo de amor, esa perfección, no es realista. Sí, lo dije, no va a suceder, no va a pasar, no hay modo, ni manera. Porque el amor de los hombres no es como el amor de las mujeres.

No te confundas, no estoy diciendo que los hombres son incapaces de amar. Digo que el amor de un hombre es diferente, mucho más simple y directo y un poco más difícil

34

de conseguir. Te diré nada más esto: un hombre, aunque esté enamorado de ti, no es muy probable que te llame cada media hora y te diga qué tanto te quiere a las 5:30 pm si ya te llamó para decírtelo a las 5:00 pm; no va a sentarse a tu lado a acariciarte el cabello y mojarte la frente con compresas frías, mientras tomas una taza de té y te mejoras.

Pero su amor es amor, igual.

Sólo que es diferente al amor que las mujeres brindan, y en muchos casos, requieren.

Creo y mantengo que si simplemente reconoces cómo aman los hombres, puede que comprendas que el hombre que está frente a ti te ama con toda el alma y hasta un poco más. ¿Cómo saber entonces si un hombre te ama? Simplemente: hará cada una de las tres cosas que siguen:

DECLARARLO

Si te ama, está dispuesto a decirlo siempre a los cuatro vientos, "Mira, te presento a mi mujer", "la madre de mis hijos", "mi novia". En otras palabras, tendrás un título —un título que va más allá del "te presento a mi amiga", o "te presento a _____" (pon tu nombre en la línea). Esto es porque un hombre que te ha colocado en el lugar más especial de su corazón, el hombre que siente algo real por ti, te dará un título. Ese título es su forma de enterar a quienes están cerca de él de que está orgulloso de salir contigo y de que tiene planes para ti. Se ve a sí mismo en una relación a largo plazo, comprometido, y se lo declara a todo el que pueda oírlo porque va en serio. Puede ser el principio de algo especial.

El hombre que declara lo que siente por ti también está diciendo, aunque no con palabras, que eres suya. Ahora, se puede decir, que ya alertó a los demás. Cualquier hombre que escuche a otro decir, "esta es mi mujer", sabe que cualquiera de los trucos/juegos/planes/trampas que tenía en mente para la sexy y linda mujer que tiene enfrente tendrán que ser archivados hasta que otra mujer soltera entre en el cuarto, porque ya otro hombre declaró en voz alta "esta mujer es mía y no está disponible para nada de lo que proyectas y planeas". Es una señal especial que todos los hombres reconocemos y respetamos, y significa: "No puedes pasar."

Si te presenta como su "amiga" o por tu nombre, no tengas duda: eso es lo que eres para él y nada más. No piensa en ti más que como eso: la amiga. Y en lo más profundo de sus corazones, señoritas, ustedes bien que lo saben. De hecho, cuando se lo expliqué a una amiga mía se rió y rió porque podía identificarse con la situación, lo vio de cerca en las cenas de Navidad que hace su familia con algunos amigos cercanos, desde hace doce años. Un tipo, me dijo, se presentaba cada año con una chava nueva, cada una más bonita que la anterior, y nuevas anécdotas acerca de su trabajo, sus vacaciones o lo que fuera. Las historias y las mujeres cambiaban año con año, lo único constante era esto: ninguna de esas mujeres recibió el título de su mujer o su novia. Siempre fueron presentadas, sin dudarlo un segundo, por su nombre. Punto. Y después de presentarlas, generalmente él se pasaba la noche con un trago en la mano y poniéndose al día con viejos amigos y colegas, dejándola en la mesa, sentada solita, fuera de lugar y un poco ridícula con su vestido de noche, tratando de encajar en el ambiente. Todos en la mesa sabían, casi con certeza, que en el momento en que esa pareja llegara a la puerta, cada uno se iría por su lado y nadie los volvería a ver juntos.

Hasta que llegó a una fiesta con una nueva mujer, iban tomados de la mano, con los dedos entrelazados y sonriendo como gatos que se comieron al ratón. La presentó como "su mujer" y desde ese momento todos supieron qué pasaba. Pero no era sólo por el título que le asignó, también por las acciones que lo acompañaron. Le tomaba la mano y la miraba directamente a los ojos mientras le hablaba; se la presentó a todo el mundo, desde sus colegas de trabajo hasta sus mejores amigos; la incluyó en las conversaciones, fue al bar por sus bebidas y bailó como si no quisiera que la noche terminara jamás. Quienes estuvieron con él supieron que la verían nuevamente, y que tendría los dedos entrelazados con los del antes soltero empedernido y playboy, un hombre que cambiaba de pareja como Diana Ross cambiaba de ropa en los conciertos.

Y, ¿sabes qué?, cuando la vieron el año siguiente en la cena anual, ya tenía otro título: mi prometida. Que ella era parte de sus planes fue evidente.

Así que si has salido con un hombre por más de noventa días y no te ha presentado a su madre, no van por ejemplo, a misa juntos; no conoces ni a su familia ni a sus amigos, o te llevó a una reunión de amigos o de trabajo y te presentó por tu nombre: no estás en sus planes, ni formas parte de su visión del futuro. Pero en el minuto en el que te asigne un título, el momento en el que proclame que eres suya frente a las personas que significan algo en su vida, ya sea su amigo, su hermana o su jefe, entonces sabrás que está haciendo una declaración. Está proclamando cuáles son sus intenciones respecto a ti con quien debe saberlo, con quien necesita conocer esta información. Una declaración de este tipo es fundamental —sabrás que ese hombre va en serio cuando te reclame para sí.

PROVEER

Una vez que hemos hecho una declaración de propiedad, y que la mujer nos ha hecho el honor de aceptarnos, comenzaremos a proveer en la casa. Lo explicaré simplemente: un hombre, si te quiere, te llevará el dinero necesario a casa, el suficiente para que tanto tú como los niños estén bien. Este es nuestro papel y nuestra finalidad. La sociedad nos ha enseñado desde hace milenios que nuestra función primordial es proveer y asegurar a nuestras familias —estemos vivos o muertos—, asegurar que no les faltará nada a nuestros seres queridos. Este es el auténtico centro de la hombría, ser el proveedor. De eso se trata todo; bueno, no todo, hay otras cosas, como qué tanto estás dispuesto a dar, y no me refiero a lo económico, y qué tan bien puedes proveer, y ahora sí me refiero a lo económico. Si cuestionas a un hombre sobre su capacidad de proveer económicamente y en otras áreas, le estás dando un golpe a su ego capaz de mandar su orgullo a la tumba. Mientras más seguridad económica pueda ofrecer, se sentirá más vivo, más grande. Suena simplista, pero es la verdad.

Como proveedor el hombre paga lo que haya que pagar: la renta, las facturas de la luz y el gas, las letras del coche, la comida; pagará las colegiaturas y todos los gastos que se presenten. No se gastará el dinero en tonterías y llegará con lo que le sobre, y no será egoísta y te dará un poquito mientras se queda con la mayor parte. Y un hombre que de verdad te ama nuca esperará a que le pidas lo que te hace falta, se asegurará de que no necesites nada, pues cada palmada en la espalda que obtenga a cambio de traer el dinero a la casa, cada beso que le des por el dinero que te da para los uniformes de la escuela y los juguetes de los niños, cada pizca de aprobación que reciba por pagar la luz y el cable, aumenta su identidad, su poder y virilidad. Por eso, si es un hombre verdadero, siempre te pondrá antes y colocará sus necesidades muy por debajo de las de su familia. Su deseo de tener otro juego de palos de golf o zapatos caros o un coche deportivo, o cualquiera de esas cosas que los hombres adoran comprar, palidecerá en la comparación de lo que siente cuando provee a sus seres queridos, pues esos palos de golf no lo harán sentirse tan erguido y orgulloso como ser valorado por la mujer que ama.

En consecuencia, todo lo que haga será para sentir que ella tiene todo lo que necesita.

Ahora, sé que decirle a una mujer que espere que un hombre provea para ella sin preguntar, en esta época en la que las mujeres han sido educadas para ser independientes económicamente, te dará qué pensar: si toda tu vida has tratado de pagar cada quien su parte, de sacar tu propia chequera a la hora de enfrentarte a las facturas, si se te ha dicho repetidamente que no puedes depender de un hombre para hacer las cosas por ti, por lo tanto es lógico que no puedas ajustar tus ideas con naturalidad al respecto de esta simple característica. Pero recuerda qué es lo que impulsa a los hombres: los hombres de verdad harán lo que sea para que aquellos a quienes aman estén cuidados, vestidos, alimentados y razonablemente satisfechos, y si no pueden lograrlo, no son hombres de verdad —y bueno, podríamos decir, no es un hombre de verdad para ti, porque algún día se encargará de satisfacer las necesidades de otra mujer y no serás tú.

Por supuesto, hay muchos hombres que le temen a esta responsabilidad, ya sea por egoísmo, por estupidez, por la pura incapacidad de hacerlo o una combinación de las tres. Algunos carecen de la educación o las habilidades para sacar ese dinero. Y si un hombre no provee, no se siente un hombre, y escapa de esos horribles sentimientos de incompetencia escabulléndose. O tratará de enterrar esas sensaciones debajo del alcohol o las drogas. De hecho, se pueden rastrear un montón de patologías en los más frívolos ejemplares masculinos en su ineptitud para proveer. Algunos se dedican al crimen para compensar —y por supuesto las prisiones nos demuestran que no es la forma de hacerlo—; otros consumen drogas —y nuestras calles nos demuestran que tampoco es la forma—; y otros sólo se echan a correr —las miles de mujeres que están obligadas por la falta de sus hombres a criar a los hijos no pueden salir de la pobreza—;

esto nos demuestra que huir no es, en absoluto, la respuesta. Pero pregúntenle a cualquiera de los hombres a quienes les va mal, qué es lo que más lamentan, apuesto que todos dirán lo mismo: desearían haber tenido la capacidad de ofrecer seguridad a su familia.

Claro que hay hombres que simplemente se niegan a compartir el dinero de sus bolsillos con su mujer. Como dicen las canciones de rap y las revistas de hip hop, estos hombres sienten que las mujeres en sus vidas los usan si les ofrecen algo con valor económico. Es más, algunos le ponen una etiqueta a cualquier mujer que espere que su hombre provea, con el feo y muy cómodo mote de "trepadora". Cuando se trata de mujeres, esa frase está más manoseada que la masa en una pizzería neoyorkina. De hecho, los hombres han triunfado en una cosa: cualquier mujer que espere que le paguen su cena, o una copa en el bar, o que tenga requerimientos financieros, puede ser tildada así.

Pues yo estoy aquí para decirles, señoras, que la palabra "trepadora" es una de las trampas que los hombres les hemos puesto para que no sepan dónde está nuestro dinero. Hemos creado ese término para ustedes de forma que conservemos los recursos y obtengamos de ustedes lo que pidamos sin que puedan exigir la responsabilidad básica e instintiva que todos los hombres en todo el mundo han sido obligados a adjudicarse y asumir. Es un término que quiere decirle "cálmate" a las mujeres, y que puede tener alguna premisa legítima —porque sí que hay mujeres que salen y se casan con hombres por puro dinero contante y sonante—, pero que le ha sido aplicado injustamente a cualquier mujer que haya dejado bien claro que espera que su hombre cumpla con sus obligaciones. Entérense: tienen derecho a esperar que su hombre pague la cena, el boleto del cine, la membresía del club o lo que tenga que pagar a cambio de su tiempo. Ya párenle a las tonteras de: "Pago mi parte para que él sepa que no lo necesito." Como señalo en el siguiente apartado "Las tres cosas que todo hombre necesita: apoyo, lealtad y el bizcochito", el hombre, o el hombre de verdad, por lo menos, quiere sentirse necesitado. Y la forma más sencilla de hacerle sentir necesitado es dejándole pagar. Esto es apenas justo.

¿Y si de verdad te ama? Ah, entonces traerá cada centavo a la casa. No va a venir después de apostarlo todo diciendo: "Aquí están cien pesos, es todo lo que tengo esta semana." No, vendrá derechito del trabajo con el cheque, y si sobra algo después de que se encargue de todas y cada una de tus necesidades, entonces se sentará a jugar. Este es un asunto de hombres, nena. Es lo que hacemos.

Bueno, y hay otras maneras de proveer, además del dinero. Tu hombre puede estar quebrado, pero hará hasta lo imposible para compensar la situación consiguiendo lo que necesitas; por ejemplo, si no tienes comida, él no podrá darte dinero para que la compres, pero compartiría contigo lo que tiene en el refrigerador o en la alacena hasta que consiga dinero. En otras palabras, no te dejará con hambre. Si tu coche está descompuesto, a lo mejor no puede pagarle al mecánico, pero llamará a sus cuates para moverlo, y conseguirá que te den aventones hasta que se le ocurra cómo pagar la compostura. Si necesitas que alguien cuelgue tus cuadros, o que te destapen el fregadero, o que le pongan una puerta nueva a la cochera, el hombre que realmente te ama será capaz de subirse a una escalera a seis metros de altura con tal de colocar ese cuadro; pondrá una cubeta debajo del fregadero y recogerá el agua que se tira hasta que consiga la pieza que necesita para la reparación; también leerá una y otra vez el instructivo de las puertas de la cochera hasta que descubra cómo colocarla.

Proveer para sus seres queridos, para quienes le preocupan es parte del ADN de los hombres, ya sea con dinero o con trabajo; si en realidad te quiere y le importas, proveerá todas estas cosas, sin poner límites.

PROTEGER

Cuando un hombre te ama, cualquiera que diga, haga, sugiera o tan siquiera piense en hacerte algo ofensivo, corre el riesgo de ser borrado de la faz de la tierra. Tu hombre destruirá a quien sea y a lo que sea en el camino para estar seguro de que quien te falte al respeto pague por ello. Esto es natural. Si escoges a un macho de cualquier especie del planeta, verás que sucede igual: nadie le va a faltar al respeto a su familia sin pagar el precio —o por lo menos meterse en un problema serio. Esto es innato y reconocible a partir de la primera relación importante que establece en los varones con su madre. El niño puede que no sepa lo que significan las palabras amor incondicional, pero nunca: a) admitirá que su madre es capaz de cometer errores y b) permitirá que alguien diga o haga algo malo acerca o contra

43

ella. Esto lo aprende prácticamente desde el vientre materno —trata bien a tu madre, protege a tu madre, no dejes que nadie diga nada de ella, y si alguien le falta al respeto, entonces hay que salir a la calle y arreglarlo como hombres. Ésta, por supuesto, fue la forma en la que fui educado en mi casa. Recuerdo con exactitud una escena de mi niñez, tenía ocho años más o menos, esperaba a que mi madre terminara de abotonarse el abrigo, tomaríamos el autobús al centro de la ciudad. Mi padre entró a la habitación y dijo: "Tu madre y tú van a ir al centro. Cuídala mucho." Esa era la regla principal: no regreses a esta casa sin tu madre o tus hermanas. Es más, si quieres suicídate o toma un camión con destino desconocido, pero no regreses a esta casa sin tu madre y las niñas. Bueno, y yo sabía perfectamente en el fondo de mi alma que si alguien le levantaba un dedo a mi madre, yo no podría hacer nada al respecto. La verdad es que ella era quien me cuidaba a mí en ese camión. Pero amigo, yo iba en el camión y por la tienda con el pecho salido, y juraba que hacía algo para proteger a mi familia.

Porque eso es lo que debía hacer.

De hecho, es lo que todo hombre debe hacer y está dispuesto a hacer por quienes ama y a quienes provee de lo necesario. Una vez que declara que le importas, te conviertes en su posesión más preciada, y hará lo que sea para proteger su propiedad. Si te oye discutir con un cobrador preguntará: "¿Con quién hablas? Pásame el teléfono." Si tu ex te llama y llama y hace drama, tu hombre hablará con él. Si ve que los niños se están pasando de la raya contigo y no obedecen límites, platicará con ellos; en síntesis: te ofrecerá amparo y dirección, a ti y a la familia, porque sabe que un hombre verdadero es un protector. No hay un hombre en el mundo que no proteja lo suyo. Así es como exigen respeto.

Yo afirmaría que esta es una condición que las mujeres esperan de sus hombres, se les ha enseñado a esperar que pueden contar con los hombres más importantes de su vida, para que vayan a pelear por ellas cuando haga falta y las mantengan a salvo y sin daño, no importa que tan alto sea el costo. Es más, creo que lo intuyen de forma tan profunda, que se toman el trabajo de hacer saber a su hombre cuándo sienten que alguien es una amenaza o peligro latente. Sabes que el hombre de tu vida, ya sea tu padre, tu hermano, tu tío, tu esposo o tu novio, hará lo que deba por defender tu honor. Aunque a veces implique lastimar a alguien, sin importar las consecuencias. Por ejemplo, a veces no querrás compartir la situación de tu trabajo, porque quizá salga corriendo a hablar de hombre a hombre con tu jefe. Y sabemos que no es una buena idea.

Recuerdo que una vez que estaba en casa, llegó un vendedor de seguros a cobrar una póliza. Mi madre no tenía el dinero en ese momento y mi padre estaba en el trabajo, así que no vio cómo el cobrador se paró en la puerta y le dijo a mamá: "La próxima vez que venga, señora, más le vale tener el dinero o vamos a ver cómo le va." Mi papá se enteró de cómo estuvo todo por una de mis hermanas y cuando le preguntó a mi madre, le exigió que le repitiera palabra por palabra los hechos. Ella se fue por las ramas, evadió hasta que ya no pudo más, entonces reprodujo el diálogo. No quería decirle exactamente lo que había pasado porque sabía que mi padre se enojaría muchísimo. Cuando finalmente mi padre tuvo la información necesaria, vino y me preguntó a qué hora venía el cobrador de la compañía de seguros, le respondí. Para su siguiente visita mi padre estaba allí, esperándolo. Nunca se me olvidará la imagen: el hombre no tuvo tiempo ni de pasar junto a su coche. Nos asomamos por la ventana y vimos que mi papá tenía las manos alrededor del cuello del tipo quien estaba sobre el cofre del auto. "Si le vuelves a decir algo irrespetuoso a mi esposa, te mato." Sé que suena extremo, pero es lo que los hombres auténticos hacen para salvaguardar a sus seres queridos.

La protección, no obstante, es mucho más que usar la fuerza bruta contra alguien. Un hombre que sinceramente se preocupa por ti o te ama te protegerá de muchas formas, con consejos, o cumpliendo tareas que juzgue riesgosas. Si está oscuro o es muy tarde, él sacará el coche o paseará al perro, aunque venga de un turno doble, para que te quedes adentro, donde estés segura y a salvo. Si van por la calle y pasan junto a alguien que parezca amenazante, el hombre de tu vida se interpondrá entre el obstáculo y tú, así, si el sujeto amenazante intenta ponerte un dedo encima, deberá pasar sobre él.

Mi esposa, Marjorie, todavía se ataca de risa cuando se acuerda de cómo la "protegí" en un viaje que hicimos hace poco a Maui para pescar y bucear. Debo confesar que mi esposa tiene licencia de buzo certificado y yo no. Cuando salimos a las aguas revueltas del océano Pacífico no pude evitar pensar que algo podría pasarle a mi esposa en esas profundidades y que no podría hacer nada para salvarla. Como sea, ella se puso el equipo y comenzó el descenso. Yo estaba ansioso, encendí un puro y comencé a caminar por la cubierta advirtiendo a los instructores: que "más vale que esa mujer regrese sana y salva". En cuanto se sumergió, le pedí a mi guardaespaldas, quien no sabe bucear, que se pusiera un *snorkel* y la vigilara desde el mar; además, les dije a los tripulantes, desde mi agente hasta el capitán, que si no regresaba en treinta y cinco minutos, bajaríamos en traje de buzo por ella. El líder de la excursión me dijo lo más tranquilo que pudo: "Señor, no podemos bajar todos por una persona", sus palabras me inquietaron más. "Te estoy diciendo", le expliqué cada vez más nervioso mientras hablaba: "O bajamos todos si algo sucede, o los mato. Este bote no irá a ninguna parte sin ella a bordo o aquí quedamos todos."

Mi esposa debió presentir algo porque, de pronto, salió del agua. Sabía que estaba como loco, prefirió regresar al barco y dejar el buceo para después, sabía que me angustiaba la idea de que ella estuviera en el fondo del mar donde yo no podía protegerla. Así que decidió salir, y evadir, por esa vez, la buceada. Ella comprende esa necesidad primordial que tengo de protegerla y asegurarme de que nada malo le pase. Marjorie es una mujer bastante temeraria —buceaba y volaba parapentes y cosas por el estilo— pero ha tenido que dejar un poco de lado los deportes de aventura para que yo esté tranquilo, y es que por fin encuentro a la mujer de mis sueños y no quiero que mientras se divierte lanzándose en paracaídas, se trabe un alambre o el paracaídas no abra y se estrelle con una pared, es posible. ¿Y si está buceando y el tanque se descompone?

47

¿Su vida en peligro y yo sin poder hacer nada? No señor, no, de ninguna manera. Mi filosofía acerca de la diversión es que puedas regresar entero a casa y lo compartas con tu familia; ella no se hace muchas bolas con esto, sólo me dice: "Gracias por preocuparte, amor."

Y yo sí que me preocupo, así que mi ADN me ordena resguardarla, y dotarla de lo necesario, y proclamar mi amor por ella de todas las formas posibles. Y por cierto, esto mismo hicieron nuestros padres, y los padres de ellos, con todo lo que tenían y la ayuda de Dios, hasta en momentos en que proteger, proveer y proclamar ese amor era difícil, y en el caso de los hombres negros, prohibido. Lo perdimos de vista en algún punto, y las mujeres han dejado de exigírselo a los hombres. Tal vez porque muchas proveen y cuidan de la familia, o porque no hay suficientes hombres que se tomen el trabajo de enseñar a los jóvenes que ésta es la forma de convertirse en hombres auténticos.

Creo firmemente que una mujer de verdad puede sacar lo mejor de un hombre; a veces sólo necesitamos conocer a una mujer auténtica —que no sea nuestra madre— para que salgan a relucir nuestras mejores cualidades. Eso, como sea, precisa de un esfuerzo por parte de la mujer: tiene que exigirle al hombre que se porte como tal y que cumpla. En el programa de radio y en mis intercambios cotidianos con mujeres, ellas expresan, con frecuencia, que ya no hay hombres buenos, y se quejan de todas las cosas que los hombres no quieren hacer. Yo les explico que los hombres no hacen las cosas que los hombres auténticos hacen porque nadie —especialmente las mujeres— les exige hacerlo, para más información lee el apartado "Los hombres respetan las reglas, prepara las tuyas".

En resumen, mujeres, deben dejar de crear definiciones acerca del amor sobre las de los hombres, y reconocer que amamos de forma diferente. El amor de un hombre se ajusta en tres simples categorías que he llamado "Las tres P del amor: Proclama, Profesa y Provee." Un hombre de verdad tal vez no quiera ir contigo de compras para buscar el vestido perfecto para la fiesta de la oficina, pero te acompañará a dicha fiesta, te sostendrá la mano, y con mucho orgullo te presentará con todos los invitados como su mujer (proclamará): o no se pondrá a mimarte y acariciarte la mano cuando estés enferma, pero comprará las medicinas de la receta, te calentará una lata de sopa y se asegurará de que todos están listos para cualquier emergencia hasta que te mejores (proveerá); o no pondrá buena cara a tareas como cambiarle los pañales al bebé, lavar los trastes o darte masajes en los pies después de un baño caliente, pero si te ama remontará una montaña o caminará sobre agua antes de permitir que alguien te maltrate o dañe (protegerá). Esto créelo porque es verdad.

Si tienes a tu lado a un hombre que está dispuesto a demostrar todo esto, hazme caso, está comprometido hasta las orejas.

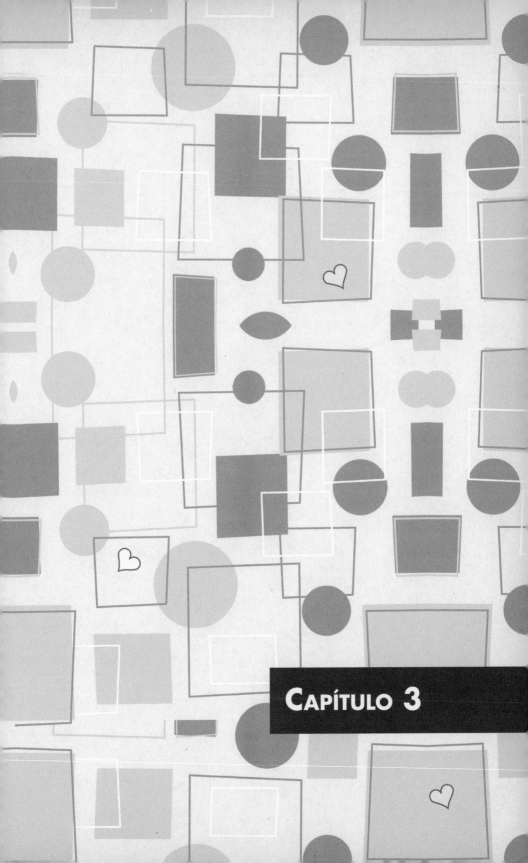

CAPÍTULO 3

LAS TRES COSAS QUE TODO HOMBRE NECESITA: APOYO, LEALTAD Y EL BIZCOCHITO

Las mujeres son seres complicados, necesitan muchas cosas. Muchas. Y esperan que un hombre se las dé aunque no le hayan dicho cuáles son, y aunque eso que necesitan y desean ahora, sea diferente de aquello que necesitaban y deseaban hace cinco minutos. De hecho, he dicho de broma, miles de veces, que la única forma de tener a una mujer satisfecha es consiguiéndose cuatro hombres diferentes: uno viejo, uno feo, un semental y un gay. Si los combinamos, estarán cubiertas todas las necesidades. El viejo se quedará en la casa contigo, se gastará su pensión en ti, te abrazará y dará consuelo y no esperará sexo, porque... bueno, no podrá, también te dará estabilidad económica. ¿El feo? El feo se volará todas las bardas para ayudarte: llevará a los niños a sus clases después de recogerlos en la escuela, te acompañará a la tienda por el mandado, lavará el coche los fines de semana, le hará de nana con el gato, lo que sea, porque estará feliz de que alguien tan bella como tú ame a alguien tan feo como él, te dará tiempo "para ti", estarás libre para usar las horas como mejor te parezca. El semental, bueno, tú sabes para qué lo quieres. Es grande, no es muy inteligente, no le interesa platicar, tiene músculos por todas partes, desde las cejas hasta los pies y cuando lo ves sabes que va a dislocarte la espalda. Eso es todo lo que quieres, y es todo lo que puede dar. Sexo, sexo tan bueno que te fría el cerebro. Luego tenemos al hombre gay, es con quien puedes ir de compras, no quiere nada de ti que no sea chisme sabroso y detalles acerca de lo que el viejo te compró, a dónde mandaste al feo, y cómo el semental te estuvo obligando a hacer maromas toda la semana. Como puedes ver, el gay es para platicar las horas que quieras. Sonríe.

Cuatro tipos solventando tus necesidades, deberían tenerte feliz. Pero digo deberían, porque el hecho de que las necesidades estén satisfechas no es garantía, con las mujeres, de felicidad. Los hombres reconocemos plenamente que las mujeres tienen derecho a cambiar cuando se les dé la gana los perímetros, condicionamientos y especificidades de lo que las hace felices, mientras que nosotros nos trataremos de adaptar, y casi siempre fracasaremos.

Los hombres, en cambio, somos criaturas muy simples. No necesitamos mucho para ser felices, de verdad. De hecho hay sólo tres cosas fundamentales para estar bien: apoyo, lealtad y el bizcochito. Tres cosas. Eso es todo. Y yo estoy aquí para confirmar que es así de sencillo. Lo que necesitamos nunca disminuye ni cambia —es rara la vez que nos ponemos más demandantes o difíciles de complacer. De hecho estoy dispuesto a demostrar que es más fácil para las mujeres darle a sus hombres apoyo, lealtad y sexo, porque están predispuestas genéticamente: el apoyo y la lealtad son cosas que las mujeres dan libre y generosamente. Ustedes lo llaman de otra manera: educación, crianza, apoyo. Y si aman a un hombre lo suficiente como para educarlo, estoy seguro de que aceptarían pasar a términos más íntimos con él. Así que las tres cosas les salen de manera natural. Y eso es todo lo que sus hombres requieren. Lo explicaré por partes:

NECESIDAD NÚMERO UNO: APOYO

A los hombres nos gusta la idea de que alguien nos cuide la espalda —como si fuéramos reyes, aunque no lo seamos. Tienen que entender que en cuanto ponemos un pie fuera de casa, el mundo entero está dispuesto a apachurrarnos: negros, blancos, amarillos o rayados, todos los hombres salen listos para entrar en la batalla. A lo mejor tu hombre tiene un trabajo donde, en cualquier momento, puede pasar su jefe pidiéndole su renuncia, para cambiar su vida con un parpadeo. El tipo en el puesto justo debajo del suyo puede ser la clase de hombre dispuesto a hablar mal de quien sea con tal de tener un sueldo mejor y no le importa si algo de lo que diga o haga pone en peligro el puesto de tu marido. O quizá va manejando, ocupado en sus cosas y alguien le obliga a orillarse, entonces la situación se sale de control porque, por ejemplo, intentan asaltarlo. En otras palabras, el hombre está constantemente a la defensiva, midiéndose con el de junto por si éste quiere arrebatarle sus ganancias. Él las defenderá (y eso te incluye a ti).

Así que cuando volvemos a casa, anhelamos bajar la guardia. La verdad es que lo único que queremos escuchar es: "Amor, ¿qué tal te fue? Gracias por darnos todo esto. Esta familia te necesita y somos felices porque te tenemos." Necesitamos sentirnos como reyes aunque no tengamos sangre azul; es cierto, mientras más nos hagan sentir especiales, más daremos a cambio. Le echaremos más ganas. Así de simple. Mi madre, por ejemplo, hacía lo siguiente: todos los domingos en la mañana mi papá me cortaba el cabello para ir a misa. Cuando me levantaba de la silla, me ponía loción, mi traje y mis zapatos y entraba en la sala donde mi madre me estaba esperando, ella me miraba y decía: "¡Mira qué corte de pelo el de este niño! ¡Rechinas de limpio!" o "¡Mira cómo te ves de guapo cuando vas a misa!", interioricé el mensaje, si me cortaba el pelo y me vestía bien, mamá me haría un cumplido y saldría de casa derechito, con los hombros atrás y la cabeza en alto, porque ella dijo que me veía bien, eso me animaba a estar presentable. Y mi padre estaba igual de orgulloso que yo, porque cada domingo ella le recordaba que gracias a él todo era posible, y lo besaba y agradecía. Cada domingo.

Un hombre precisa que su mujer le dé eso. Necesita que ella le diga: "Corazón, no sabes cómo te agradezco todo lo que haces por los niños y por mí." Esas simples palabras nos darán la fuerza para seguir haciendo todo para darle lo mejor a la familia. Desde trabajar con más ímpetu, llevar la quincena al hogar, hasta poner la carne en el asador, o ayudarte a doblar la ropa limpia. Lo haremos con frecuencia si obtenemos una recompensa que no cuesta ni un centavo partido por la mitad. Viene, sencillamente, del corazón: "Gracias amor, te lo agradezco."

No creo que sepas lo importante que es esto para tu hombre: ese pequeño gesto de aliento lo motiva, y lo impulsa a hacer más. Tú has de creer que porque somos duros y no queremos mimarte no necesitamos que nos des ánimos, pero lo requerimos. Y la mujer que llega y nos dice: "Eres fuerte y grande y eres todo lo que necesito", nos hace pensar: "¡Quiero más!"

NECESIDAD NÚMERO DOS: LEALTAD

Les recuerdo: su amor es diferente al amor de los hombres. El amor de las mujeres es emotivo, nutricio, sentido, dulce, tierno y lo abarca todo. Es tan sólido que casi lo puedes cortar con cuchillo. Y si una mujer está enamorada de un hombre, le será leal —ni se imagina a sí misma con otro porque para ella sólo existe él. Ese es el amor de las mujeres.

Pero para los hombres el amor es lealtad. Queremos que nos demuestres tu amor con lealtad. Eso significa que estarás junto a nosotros pase lo que pase. Que si nos despiden estarás allí aunque ya no tengamos quincena que llevar a la casa. Que cuando estés con tus amigas digas con entusiasmo: "Ese es mi hombre, y le soy fiel." Que cualquier actor o cantante entre a la habitación en donde estamos, chorreándole dinero de los bolsillos, caminando sobre nubes y brillando y, ¿sabes qué?, tú nos apretarás la mano con más fuerza y nos dirás desde el fondo del corazón: "No quiero a ninguno de esos, por guapos o ricos o espléndidos, para mí sólo tú importas." Bueno, por lo menos es lo que deseamos que digas.

Esa es la lealtad. Nuestra forma de amor favorita. Para los hombres la lealtad y el amor son una sola cosa. La forma de amor que las mujeres requieren es sublime, la nuestra es distinta aunque no por ello deja de ser amor. Y el amor de un hombre es algo muy poderoso. Es asombroso. Si tu fidelidad es real e imbatible, ese hombre jamás irá a ninguna parte.

NECESIDAD NÚMERO TRES: EL BIZCOCHITO

Es obvio, los hombres quieren sexo. Adoramos el sexo. No hay nada en el planeta como el sexo, no hay nada que nos guste tanto y de forma tan constante, no hay otra cosa sin la que no podamos vivir. Quítanos la casa, el trabajo, el Impala modelo 69, el último par de zapatos pero, por favor, por favor, no nos niegues el bizcochito. No nos importa otra cosa en la vida, queremos el bizcochito. Requerimos estar físicamente enlazados con la mujer que amamos, con la que nos es leal y nos apoya, la mejor forma de estar cerca es haciendo el amor. Las expresiones emocionales como los mimos, la charla, tomarse las manos o acercarse, es asunto de ustedes. Lo hacemos porque les parece importante. Pero, nosotros nos vinculamos por medio del sexo. Punto. Esa es la manera en la que cargamos energía, reconectamos la comunicación, nos unimos. No conozco a un hombre que no lo necesite; pregúntale a cualquiera si el sexo no es importante en su relación, si responde "no", miente. Yo no he conocido a ningún hombre así. El día que lo conozca, lo llevo al Museo de Historia Natural, porque así de raro y especial será. Pero, ¿el resto? Necesitamos sexo tanto como el aire que respiramos.

Lo más que aguantamos sin sexo es un mes, más o menos. Y luego, él tratará de conseguirlo en otras partes, excepto si estás embarazada de él. Se los digo: las pandillas se construyen con apoyo y lealtad; los hombres salen y forman pandillas porque están basadas en ambas cosas, para nosotros importantísimas; lo único que falta en esos grupos es sexo, y para eso existen las chavas banda. Sucede lo mismo con los motociclistas, los clubes, los masones, las fraternidades —el mundo entero de los hombres está construido en esos cimientos. No hay un solo día de la semana que no nos despertemos en busca de esas tres cosas. Digamos que no eres un miembro de la fraternidad Alfa Pi Kappa Alfa Psi, o que eres un miembro todopoderoso de la Omega Psi Pi, y que hay alguien que usa los colores y no se ha jurado ni ha prometido ser leal a la fraternidad, aunque haya permanecido seis semanas, no está seguro de comprometerse, imagina cómo reaccionarían los miembros si se enteraran de la confusión, seguramente pensarán que han jugado con su lealtad y sus colores, ese elemento no permanecería un día más. Si un Crip va a casa de un Blood, la que le espera. Lo mismo uno que trata de entrar en un club al que no pertenece. Lealtad y apoyo, la materia prima de los hombres.

Y ni uno solo de esos hombres puede sobrevivir sin sexo. Sí, por supuesto, le echará ganas si no puedes una semana, se esforzará por seguirte el paso —si te ama, claro. Pero si no le importara, no trataría de conseguir el bizcochito, ni lo esperaría. Simplemente se iría a buscarlo a otra parte. Pero si está contigo y se lo racionas, no estás siendo como fuiste cuando empezaron a salir, entonces él se sentirá con derecho a buscar lo que necesita en otra parte. Es cierto cuando digo que puede decirle a todo el mundo que "eres su mujer", pero también es capaz de esperar el bizcochito de alguien que esté dispuesto a dárselo.

No me malinterpreten, no somos animales. Sabemos que las cosas cambian: cuando nace el bebé el doctor nos dice que tenemos que esperar seis semanas, o si están en ese momento del mes, o si sus hormonas se alocan y no tienen humor, aunque no pueden poner excusas todo el tiempo. Si quieres puedes tratar de darle poco sexo pero, sin importar cuánto te ame, qué tanto valore su casa y familia, su papel como jefe del hogar, o que sea él quien aporte el dinero para la cuenta bancaria familiar y que hasta ponga un extra en tu chequera, si le das sólo migajas del bizcocho, tendrás problemas.

Hablaré de mi experiencia: acabo de cumplir cincuenta años y no quiero reticencia en esa área. A mi edad, aguanto un poco más porque estoy muy ocupado, dirijo una compañía y tengo una agenda que cumplir. Voy de gira, me presento en vivo, escribo, voy al programa de radio, actúo, dirijo mi asociación filantrópica y colaboro, además, con otra gente. Estoy ocupado y de prisa siempre. A mi edad no puedo darme el lujo de equivocarme —mental, espiritual o emocionalmente. El infierno no es alternativa. Si me voy de picos pardos y me da un infarto, se me cierra la puerta del cielo. Pero también es verdad que quiero llegar a mi casa y sacar el estrés, si no hay forma de hacerlo, tenemos un problema. Si he hablado con Dios, si te he tratado de convencer y motivarte para que compartas el bizcochito y sigues inventando excusas para no estar conmigo, algo tendrá que cambiar.

Podría jurar que las cosas en tu casa andan por el estilo. Quizá pasaste las noches de la semana al lado de un niño enfermo, te levantabas temprano para mandar a su hermanito a la escuela y te ibas a trabajar lo más pronto posible para evitarte el tráfico, y en la oficina, a luchar contra todo y todos por ocho horas con un breve descanso para comer un sándwich, luego, regresar al tráfico de la hora pico al volver a casa y continuar con tu otro trabajo: alimentar y cuidar a los hijos. Hay que cocinar la cena, revisar la tarea, lavar la ropa y demás quehaceres, de modo que para cuando tu hombre llega, lo último que te pasa por la mente es responder con entusiasmo a eso que una amiga llama "el toquecito en el hombro". "Ya sabes a qué me refiero", me dijo, "sucede cuando por fin caes en la cama y no quieres otra cosa que no sea ver tele y relajarte. Cuando tu programa favorito va por la mitad, él llega y te toca el hombro pidiendo sexo. Es una monserga".

Lo que mi amiga no sabía es que él también estaba cansado del toquecito en el hombro, veía las cosas así: también había trabajado todo el día, igual o más que ella. Quizá no había hecho tanto en la casa, pero algo hacía. Como ella, necesitaba relajarse. A ella le gustaba la tele, a él el sexo. Ella siempre estaba cansada y nunca tenía ganas. Él estaba cansado de no tener sexo. Así, mientras ella veía la tele y se relajaba, él se relajaba también, pero fuera de su casa y con otra.

No estoy diciendo que esté bien, pero como hombre, entiendo la lógica de su solución. Si hubiera estado en su dormitorio antes de que el dolor y el horror de su infidelidad rompieran la relación, les hubiera dado este consejo, que me parece muy sabio: corresponde a quien te ama. Eso significa que si el hombre comprende que su mujer ha tenido un día pesado y que agradecería un poco de ayuda en la casa para que la tarde fluya, él debe responder a la altura; es decir, si ella cocina, él lava los trastes. Si ella prepara la ropa de los niños para la mañana siguiente, él los ayuda con la tarea. Si ella los mete en la cama, él la prepara para meterse en la cama con ella, creando el ambiente: recoge un poco, le prepara el baño, le sirve un vaso de vino, lo que sea necesario para que ella sepa que hacer el amor es más que un acto para liberar tensión, es un acto de amor. Seguramente estará más dispuesta a corresponder, no con fastidio, sino con la alegría que da saberse deseada.

Es importante saber que ningún hombre va a invitar a cenar y a beber a su mujer cada vez que quiera hacer el amor con ella. Esperarlo es irracional. A veces lo único que él querrá es a ti, sin adornos. Y por favor, vive el momento sin hacerlo sentir que es una más de las tareas por tachar de la lista de pendientes. Todos los hombres necesitan buen sexo de sus mujeres. Todos y cada uno.

En síntesis: necesitamos contar con tres cosas: apoyo, lealtad y sexo, o no funcionará. Puedes ir de compras para nosotros, o cocinar nuestros platillos favoritos cada noche y hacer evidente que nuestra marca preferida de crema de cacahuate está en la alacena para demostrar atención y amor; pero lo que realmente necesitamos y valoramos, siempre, son esas tres cosas. Si me las das cuando llegue a la casa, estaré dispuesto a salir al día siguiente a luchar en la guerra por ti. Y si una mujer deja de proveer a su hombre de alguna de estas cosas, él se conseguirá quien se las procure. No podemos sobrevivir sin ellas, ni por noventa días.

Tal vez no les guste lo que afirmo, para comprobarlo, pregunten a cualquier hombre sobre estas palabras, comprobarán que es cierto, cualquiera reconocerá su importancia. Apoyo, lealtad, el bizcochito, si le dan estas tres cosas, tendrán en sus manos a un hombre dispuesto a hacer lo que sea por su mujer.

CAPÍTULO 4

"Necesitamos hablar" y otras frases que ahuyentan a los hombres

"Necesitamos hablar"... para un hombre hay pocas palabras tan amenazantes como éstas, especialmente si es una mujer quien se las dice, y lo son porque significan dos cosas: cometimos un error, o peor, en serio quieren hablar. Entendemos, no crean que no, que no somos la esencia de la perfección y que habrá veces en que estén enojadas y quieran que sepamos por qué; y aunque lo comprendemos, no estaremos felices de oír un sermón de una hora sobre cómo hicimos todo mal. Es importante que sepas que ningún hombre quiere sentarse contigo a parlotear como una de tus amigas. Nunca, no está en nuestro ADN estar echados en el sillón y beber café y secarnos los ojos con pañuelos como si estuviéramos en una junta de AA, o en el diván del psicoanalista, tratando de excavar en los traumas del corazón. Cuando los hombres hablan, y especialmente, cuando escuchan, es con un propósito.

No nos desahogamos como ustedes.

Preferimos resolver aquello que afecta la relación.

Entendemos que te frustra porque quieres platicar y compartir, escuchar un punto de vista ajeno acerca de tal o cual situación, un oído atento, pero, ¿la verdad?, para eso existen las amigas. Si compartes el problema con tu amiga, lo lamentará y te alentará de todas las formas posibles: "Sí, te entiendo", "tienes razón, de verdad", y asentirá y confirmará, te contará historias donde sabrás que ha pasado por lo mismo, y te dará ejemplos concretos de mujeres a las que les ha sucedido igual desde el principio de los tiempos, y horas después se levantarán del sillón sintiéndose mucho mejor aunque no hayan resuelto nada. Consideren la prueba A:

Tú: Hoy llegué a la oficina y, ¿sabes a quién me encontré antes de sentarme en el escritorio? ¡A la vaca de Tanya caminando hacia la cafetera con la misma blusa que yo!

Tu amiga: Nooo. No puede ser, ¿cuál blusa?

Tú: La azul, la que tiene flores anaranjadas. La que compré en la barata de la tienda del centro.

Tu amiga: ¿La que estaba en trescientos pesos, escondida en la parte de atrás? El día que me compré los zapatos, ¿no?

Tú: ¡Esa es! Me la puse hace unas semanas y me la chuleó, y claro, lo primero que hizo fue salir corriendo a comprarse una igualita, y ahora anda con ella por la oficina. ¡Me da un coraje!

Tu amiga: Qué mal, ¿en serio te la chuleó? Es muy descarada, qué mal gusto...

Y ten por seguro que este tipo de conversación puede durar horas, metamorfoseándose en todo tipo de pláticas que no tienen qué ver con el asunto inicial; es decir, que una mujer traía la misma blusa que tú en el trabajo.

Con un hombre, la misma conversación tarda exactamente diez segundos en llegar al punto conocido como "el remedio". Consideren la prueba B:

Tú: Hoy llegué a la oficina y, ¿sabes a quién me encontré antes de sentarme en el escritorio? ¡A la vaca de Tanya caminado hacia la cafetera usando la misma blusa que yo!
Tu hombre: Pues ya no te la pongas.

Y se acabó la plática. Así de simples somos. En esta instancia particular, y en muchas otras, no podemos sentir mucha más emoción. Para nosotros es irrelevante cómo te sentiste en la oficina, sentada del otro lado del cuarto frente a una mujer que traía una blusa como la tuya. En lo que a nosotros respecta, el problema ha sido solucionado: estás de nuevo en la casa. Ya no estás mirando a la mujer que traía la blusa idéntica a la tuya. Y si no vuelves a usar esa blusa en la oficina, no tendrás que lidiar de nuevo con ese problema. No hay más de qué hablar.

Todo esto sólo para decir que los hombres no estamos en el negocio de hablar, sino de componer. Desde que abandonamos el vientre materno, se nos enseñó a proteger,

69

declarar y proveer. Comunicar, nutrir, escuchar los problemas, y comprenderlos sin la obligación de solucionarlos es algo para lo que no fuimos educados. A los niños no les permitimos llorar, no les preguntamos cómo se sienten ante nada, no los animamos para que se expresen de formas significativas, aparte de demostrar su "virilidad". Dejen que un niño se caiga de la bicicleta y se raspe la rodilla, todo el mundo le dice que se levante, que deje de llorar y que lo olvide. "Sé un hombre", le exigimos. No se discute cómo se sintió en el momento en que tocó el suelo; nadie le pregunta si quiere hablar sobre el posible trauma, la respuesta automática es decirle que se sacuda, que se levante y que aprenda a no caerse.

Ahora que ese niño creció y está en una relación, esperan que aunque siempre se le dijo que se callara y se moviera, sea un hombre que sepa sentarse a escuchar, comunicarse y apoyar; sepan que sus expectativas están fuera de la realidad. Las mujeres tienen diferentes estados de ánimo, distintas ideas, esperan que entendamos y escuchemos, y si no lo hacemos es síntoma de un problema. Les cuentan a sus amigas: "Él no platica conmigo", o "no logro que se abra". Pero es que nosotros no nos abrimos. Declarar, proteger, proveer, a lo largo de nuestra vida es lo que nos han enseñado y alentado a hacer; se nos ha dicho cómo demostrar el amor, y el remedio cae, definitivamente, en "proveer". Porque claro, proveer no es sólo dar dinero; incluye también componer lo que está mal, y saber qué hace falta para que todos estén contentos. Cualquier hombre con un mínimo de sentido común sabe que cuando la mamá está contenta, todos seremos felices. Y si ustedes son felices, esa es la gran recompensa, así que proveemos y componemos.

Sean conscientes de que si le presentan a su hombre una situación que puede ser reparada y él no trata de arreglarla, no es su hombre, no está enamorado. Adelante, las reto a que lo prueben, cuando vaya a verlas, díganle: "Sabes, no aguanto esta cocina. El color me parece detestable, los anaqueles están chuecos, no van con el horno y no puedo concentrarme y cocinar bien cuando estoy allí." Si está comprometido hasta los calcetines contigo te dirá: "¿De qué color quieres tu cocina, amor?" Contéstenle que "rosa", y vean si para el sábado siguiente la cocina no está rosa, anaqueles y todo. Eso sí entendemos: que si no te gusta el color, ni los anaqueles, vas a cocinar con la trompa parada mientras estás allí, o comprarás comida de la calle, porque no podrás asar los filetes, ni meter las papas al horno en una cocina que no aguantas. Y como definitivamente no queremos eso, iremos a la tienda de materiales, y aunque no tengamos el dinero para remodelarla por completo, encontraremos algo para los anaqueles, quizá nuevas jaladeras, compraremos muchísimas lijas y sacaremos ese color que no soportas para dejarla exactamente como quieres.

Un hombre que realmente te ama desea hacer algo así por ti, porque en alguna parte de su cerebro puede verte sonriendo, poniendo los lugares en la mesa y sirviendo una comida deliciosa en la cocina que arregló. Ah, no se equivoquen, si algo queremos es verlas felices, así que la respuesta es importante, la reacción, mujeres. Por favor comprendan y respeten la contestación.

Por supuesto que operamos con la conciencia de que el "remedio" no cubrirá todas las necesidades. Siempre estamos un poco desequilibrados porque a pesar de que respondemos de la forma que creemos lógica, ellas lo hacen emotivamente, lo que equivale a arrojar una llave de tuercas en medio de la maquinaria que estamos usando para componer las cosas. Nosotros pensamos que la mayor parte del tiempo sus respuestas no son dictadas por la razón sino por el estado de ánimo, por cómo se sienten en ese momento. Un ejemplo perfecto es: tu hombre te puede besar un seno con la misma cantidad de saliva y la misma postura que por la noche te tenía feliz y complacida, hoy, en cambio, lo miras y le preguntas con decisión: "¿Qué haces? No quiero eso." Y él se quedará confundido, porque te aseguro que si lo besas en el mismo lugar en el que lo besaste ayer y le gustó, le gustará hoy, le gustará mañana y pasado mañana también. Pero en ustedes es otra historia, lo que les gusta y cómo les gusta varía con el pasar de las horas, del día, o del momento. Para nosotros esto es ilógico, no lo podemos descifrar nunca. Si nos resulta a veces, genial. Pero muchas otras fallaremos. Los menos experimentados nos equivocaremos muchísimas veces. Por ejemplo, piensen en una mujer que entra a una habitación y está visiblemente enojada. Un hombre joven y no muy listo en esto de las relaciones, le preguntará qué le pasa y ella contestará: "Nada, nada." Ese tonto dirá aliviado: "Ah, qué bueno"; ella responderá: "Oye, carajo, me ves furiosa y no haces más por saber qué me pasa?", pobre tipo, tendrá mucho por componer.

En cambio, el hombre con más experiencia, aquel que puede leer los estados de ánimo de su mujer, le preguntará qué le pasa, y no importa qué tantas veces ella conteste "nada", él insistirá hasta que ella se abra, y él estará deseando en lo más profundo de su corazón que en realidad no sea muy grave, y que si hay algún problema él lo pueda reparar porque no la quiere ver haciendo pucheros. Incluso cuando piense que ya se resolvió, seguirá preguntándole, empujándola hasta que el asunto quede resuelto porque no lo puede dejar en: "Siento mucho que haya pasado." Inmediatamente se lanzará a aplicar el "remedio".

Esto no significa que no puedes extenderte en una conversación con tu hombre que dure más de dos minutos. Entendemos que hay veces que debemos poner más de nuestra parte en el renglón de la comunicación, que de vez en cuando tenemos que compartir lo que traemos en las tripas y los pensamientos que nos habitan; también sabemos que a veces lo único que quieres es acurrucarte en nuestros brazos y hablar y hablar sin buscar una solución, somos capaces de hacerlo; no es fácil, pero podemos. Sabemos que sentarnos a platicar, escuchar y hasta participar en una conversación sobre sus sentimientos es inevitable y necesario. Pero no se sorprendan si estas conversaciones son escasas y no suceden todo el tiempo. Las conversaciones detalladas son las que sostienen con sus amigas. Los hombres necesitan saber cuál es el problema y arreglarlo. Se trata de mantener el equilibrio, que ambos comprendan profundamente qué hace falta para ser felices, y hacer todo lo posible para que se sientan en una buena relación con el otro. Para los hombres esto significa que a veces tendrán que sentarse quietecitos a escuchar. Para las mujeres sería muy bueno que pudieran respetar aquello que cifra nuestra hombría, es decir, que estamos demasiado concentrados en lo que somos, lo que hacemos, lo que ganamos, y que no nos gusta desperdiciar tiempo considerando cosas que no tienen solución.

Por supuesto, sería genial que las mujeres dejaran de iniciar conversaciones con la frase: "Necesitamos hablar." En cuanto pronuncian esas palabras, nuestras defensas se encienden, las herramientas de reparación salen de sus estuches, el sudor fluye, y repasamos cada cosa que hicimos la semana anterior para indagar qué estuvo mal, cuándo sucedió, y cómo lo arreglaremos para salir del lío lo más pronto posible.

De hecho, creo que es una muy buena idea que si quieren desahogarse, comiencen la conversación con algo como: "Amor, mira, no es que haya pasado algo, pero quiero hablar sobre esto." Esa es una forma buenísima de iniciar, nos permite relajarnos, bajarnos del estrado, guardar las herramientas para componer problemas y, por fin, sentarnos a escuchar lo que quieren decir.

SEGUNDA PARTE

¿POR QUÉ LOS HOMBRES HACEN LO QUE HACEN?

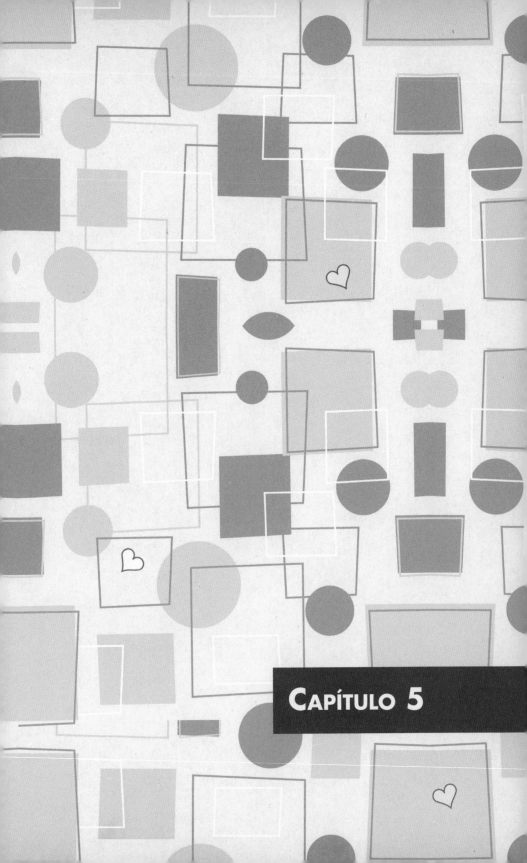

CAPÍTULO 5

LO PRIMERO ES LO PRIMERO: ÉL SE QUIERE ACOSTAR CONTIGO

Una mañana, mientras trabajábamos en *El Show de Steve Harvey*, en vivo y por control remoto en Detroit, una mujer subió a saludarnos al podio. Era realmente atractiva, bien vestida, con una hermosa piel oscura, lindos dientes y cuerpazo, todo un regalo. Y cuando comenzó a hablar, me intrigó mucho, su voz sonaba muy madura, pero no se le veía la edad por ninguna parte. Le pregunté cuántos años tenía y me dijo que cuarenta y dos. Casi me caigo. A lo mucho parecía de treinta, entonces le pregunté cuántos hijos tenía. "Cinco", me contestó con una sonrisa de oreja a oreja. "Tengo tres míos y dos que adopté."

Entonces pensé: "¡Guau, sí que la ha hecho! Tiene más de cuarenta y mantiene no sólo a sus tres hijos, sino a dos más sólo porque tiene buen corazón. Además se ve mucho más joven de lo que es, en realidad la lleva bien!" Pero que quede claro, no quería hacer nada con esta información porque soy un hombre felizmente casado y hay que poner el énfasis en *felizmente*. Pero hace unos años esta conversación hubiera ido por otro lado, uno en el que yo no le hubiera preguntado si tenía hijos o qué hacía para vivir, nada de eso.

Había un tipo que se le pegaba mientras hacíamos el programa, y aunque es otra historia, era obvio que tenía planes para ella. Se le caía la baba con cada cosa que ella decía, le hablaba como si estuvieran solos, como si no hubiera cientos de personas alrededor, como si mi colega y yo no estuviéramos a la mitad de un programa de radio. Yo sabía lo que él quería. Pero ella no tenía la menor idea.

Durante una pausa comercial le pregunté ante todos:

—¿Qué quiere ese hombre?

Ella se rió y me miró un poco confundida. "Nada." "Sólo estamos platicando." Y claro, el hombre no decía una palabra. Sabía que yo me había dado cuenta. Después de un montón de anuncios y de más jugadas obvias de su parte, por fin le dije a ella que él buscaba mucho más que una conversación.

"Quiere contigo", le dije. "Puedo probarlo."

La gente que había allí, casi todas mujeres, me animaron a que lo hiciera. "Se trata de esto", expliqué, "voltea a verlo. Míralo a lo ojos y no le quites la vista de encima. Luego dile cuántos hijos tienes y observa cuál es su reacción."

El hombre parecía calmado hasta que ella dijo la palabra "cinco". Entonces se echó para atrás como un caballo espantado; su gesto cambió y aunque se tapó la boca con la mano, se le escapó un sorprendido "Oh" de los labios.

Se alejó lo más rápido que pudo. En la pausa siguiente estaba del otro lado del evento —a veinte metros, y pegado a otra mujer. ¿Ven?, sí quería con ella, pero eso no incluía a cinco niños. El hombre tenía un buen trabajo, parecía inteligente. Me había dicho que le iba bien, aunque, claro, no se había imaginado dividir su dinero entre tantas personas. Cuando estaba coqueteando con esta mujer lo único que se le ocurría para el futuro era hacerlo con ella, sin ataduras ni compromisos.

Mi colega rió y rió y me preguntó cómo podía saberlo; es fácil: cuando un hombre se te acerca, tiene un plan. Y el plan principal es acostarse contigo, o enterarse de qué necesita hacer para acostarse contigo.

Es una generalización, pero en mi experiencia, es verdad. A las mujeres les encanta sentarse a platicar sin ninguna razón más que por el gusto de hacerlo, pero a nosotros no nos gusta conversar por conversar. No tenemos tiempo para eso. Nosotros somos gente simple: si nos gusta lo que vemos, trataremos de obtenerlo; si no queremos nada de ti, no vamos, y ya. Punto. Por favor usa un marcador y resalta esta parte del libro ya para que lo recuerdes la próxima vez que un tipo se te acerque: un hombre siempre quiere algo. Siempre. Y cuando se trata de mujeres necesita averiguar dos cosas: 1) si querrás acostarte con él, o 2) qué debe hacer para acostarse contigo.

Esa es su misión en el antro.

Ese es su trabajo en la cafetería de la oficina.

De eso se trata en misa cuando se salta todas esas bancas y viene y se sienta junto a ti.

Si un hombre te ve y te pregunta cómo estás, ¿por qué será? No viene a enterarse de tus intereses, o a saber de ti, o qué te gusta y necesitas. Eso es lo que las mujeres hacen cuando quieren conocer a alguien, para un hombre es más simple: le encantó lo que vio al otro lado de la habitación y ha cruzado para ver si logra estar contigo. No le importa ni tu personalidad, ni lo que haces para ganarte la vida. Tus amigos no le interesan, ni si conoces a Jesucristo. Lo único que quiere saber es si podrá acostarse contigo, habla para determinar qué tanto debe invertir para obtener lo que quiere.

Cuando digo "invertir", no me refiero sólo a dinero, sino también a tus valores y condiciones. Él quiere saber si tu "precio" es demasiado alto, si es pagable, si te puede tener a crédito, si te puede tener esa misma noche. Si no presentas condiciones, significa que eres gratuita y vámonos. Sabe que te puede llevar a la cama con un mínimo esfuerzo. Pero si desde el principio le dices que tienes tus condiciones, que necesitas tiempo, respeto y atención, entonces se enterará de que eres una mujer especial, que tendrá que trabajar para ganarse el bizcochito. Para algunos hombres el precio a pagar será demasiado alto: ellos buscan sólo pasar un buen rato y no desean "invertir" tiempo y respeto en un compromiso. Un tipo lo definió así: "Hombre, si tengo que ir a verla tres veces a la semana, a cinco dólares el galón de gasolina, y tengo además que tronar con la otra con quien estoy saliendo, y debo hablarle por teléfono y todo, no. Es demasiado para mí." Para otros, el precio de etiqueta que muestras puede ser razonable.

Esta es información útil para ti, la próxima vez que un hombre se te acerque, podrás separar la paja del grano inmediatamente, poner tus condiciones sobre la mesa (de eso hablaré más tarde) y determinar de forma inmediata si está dispuesto a pagar por aquello que busca. Ok, ya no es un secreto, y deben actuar según esta información. Si no aceptas que todos los hombres tienen ese plan, no les pones condiciones y no estableces las reglas, el mensaje es que estás de acuerdo con sus reglas; que no te importa si ellos llaman, si te visitan o no, o cuándo y cómo hacerlo; lo que implica que llamará cuando quiera, que nunca te abriría la puerta y que llegaría a las ocho a pesar de que le pediste que pasara por ti a las siete. Y todo porque tú no sabías que 1) tenía un plan y que 2) iba actuar de acuerdo con él.

Esto es precisamente lo que mi suegro tenía en mente cuando una de mis hijas llegó a una cena familiar en la casa con su dizque "novio". Déjenme decirles que mi suegro es uno de los tipos más listos que he conocido en la vida, es un hombre que admiro, y yo admiro a muy pocos hombres. Casi todo lo que dice, todo lo que le sale de la boca, da en el blanco y me pone a pensar. Esto pasó la noche de la cena cuando se enfiló sobre el muchacho y le preguntó a bocajarro: "¿Cuál es tu plan con mi nieta?"; el joven preguntó simplemente: "¿Qué me quieres decir?", "exactamente lo que te pregunté. ¿Cuál es tu plan?", insistió mi suegro. "Sólo quiero conocerla mejor", contestó el muchacho. "Pero, ¿cuál es tu plan? ¿Adónde va esto?", volvió a preguntar mi suegro.

Finalmente, el joven cedió a la presión. Ante dos hombres negros con cara de palo, los hombros echados atrás y dejando claro que conocemos bien el juego, el muchacho se dio por vencido y dijo las tres palabras fatales: "Sólo estamos saliendo."

Mi suegro siguió sentado y lo miró durante un minuto, satisfecho de haber llegado al fondo del asunto. Había olido la sangre. "Ok, está perfecto", dijo mi suegro tranquilamente. "Vamos a decirle a ella que nada más están saliendo. A ver cómo reacciona al saber que está de salida, que le vas a enseñar la salida. A ver cómo le cae."

Mi hija puso cara de loca cuando mi suegro y yo le contamos que los planes de su "novio" eran sólo "salir". Porque sabe, pues ha oído nuestras conversaciones y sesiones sobre los hombres y las relaciones, que cuando se trata de hombres, o eres desechable o eres material para una relación duradera. Era evidente que el plan de él era distinto de lo que ella quería.

Por suerte para ella, mi hija tiene a su abuelo y a su padre para ayudarla a descifrar los planes de los hombres con quienes sale. Pero no todas las mujeres tienen una figura masculina cerca para ayudarlas a ganar el juego. Ahora, cuando un hombre venga sonriente a hablar contigo, actúa como si supieras. Porque ahora sí que lo sabes: quiere acostarse contigo.

¿Cuál es tu precio?

Si se lo dices desde el principio, él te hará saber si eres demasiado cara para él. Sí es así, recházalo y sigue adelante.

CAPÍTULO 6

"PESCA DEPORTIVA" (DIVERSIÓN) *VERSUS* "PREMIOS" (COMPROMISO). CÓMO DISTINGUEN LOS HOMBRES ENTRE EL TIPO DE MUJERES QUE SE QUIEREN CASAR Y LAS QUE SÓLO QUIEREN DIVERTIRSE

Cualquiera de las personas que realmente me conoce, sabe de mi pasión por la pesca. Siempre he amado los momentos tranquilos que da este deporte, me gusta estar sentado en la ribera, o en la cubierta de un barco, mar adentro. No hay paz mayor, aunque también disfruto la súbita explosión de adrenalina que llega cuando un pez pica el anzuelo; no puedo describir la emoción cuando llega el momento de usar toda mi fuerza y mi inteligencia para lograr que el pez no suelte el anzuelo, izarlo y meterlo en el barco.

Allí viene la parte difícil: decidir quedarme con él o devolverlo al mar. Así, además de engancharlo e izarlo a cubierta, me embarga la emoción cuando lo examino, allí veo cómo lo siento y evaluar si se queda en mi bolsa. Y créanme, un pez debe ser realmente especial para quedarse; de lo contrario, lo arrojo al agua y vuelvo a empezar.

Un hombre pesca por dos razones: por deporte o para comer, lo que significa que, o trata de pescar al pez más grande para retratarse con él, y presumir la foto a sus amigos —luego lo regresa al mar—, o se lleva el pez a casa, lo limpia y lo filetea para empanizarlo, freírlo y comerlo. Según yo, esta es una excelente analogía para explicar cómo los hombres van tras las mujeres.

Hay que reconocer que los hombres son cazadores por naturaleza y que las mujeres han sido colocadas en el lugar de la presa.

Antes se decía que un hombre "escogía" una esposa, un hombre "buscaba" a una mujer para invitarla a cenar o "pedía" su mano para casarse con ella. Las perseguimos. De hecho, toda la vida se nos ha enseñado que no sólo está bien perseguir a las mujeres, sino que es natural. A las mujeres les han metido en este asunto también, ¿cuántas veces no han dicho o han escuchado a una amiga decir que le encanta que los hombres la persigan? o: "¿Necesito que me corteje, que me regale flores y que me haga sentir deseada?"; flores, joyas, llamadas telefónicas, citas, palabras dulces, son las armas de nuestro arsenal cuando vamos tras ustedes.

Pero hay una pregunta por contestar: una vez lograda la conquista, ¿qué hacemos con ustedes? Si algo me ha

90

enseñado mi amor por la pesca es lo siguiente: tratamos a las mujeres como peces que devolvemos al agua o victorias que atesoramos toda la vida. La forma en la que nos conocemos, el rumbo que toma la conversación, cómo se desarrolla la relación, determinará si te tratan como a un pez que hay que devolver al agua, o un pez al que uno se lleva a casa y con el que se imagina una vida en común. La forma de distinguirlas es muy simple, como explicaré ahora.

Un pez que vuelve al mar...

No tiene reglas, requisitos, ni respeto por sí misma. Tenemos la capacidad de oler su rastro a kilómetros de distancia. Ella es la fiera de las fiestas que, mientras bebe su coctel o se toma su caballito de tequila, le dice al pretendiente: "Sólo quiero salir y ver adónde nos lleva", puede ser la mujer que se viste conservadora en la oficina, que es un genio para los asuntos laborales, pero que no tiene idea de cómo tratar a los hombres. No tiene planes para sus relaciones, ni espera nada particular de ellos, tampoco es capaz de poner una sola regla o restricción a los sujetos con quienes convive, deja muy claro que está lista para dejarse llevar. Tengan por seguro que una vez que un hombre sabe que las puede tratar como le dé la gana, por lo que dicen sus palabras y acciones, estará encantado de hacerlo; mientras que los demás harán fila para obtener lo mismo.

La condecoración que se atesora... —

No se entrega con facilidad y te pone reglas y límites cuando abras la boca por primera vez. Ella entiende que tiene poder y lo utiliza como un samurai usa su espada. Obtiene —no pide—, respeto, por la forma en que se conduce en la vida. Un hombre puede acercársele y sacar de su sombrero el mejor de sus conejos, a ella puede que le guste, pero eso no garantiza que, a cambio, la conversación vaya muy lejos, menos que dé su teléfono y su valioso tiempo. Los hombres sabrán, automáticamente en cuanto ella abra la boca, que si la quieren, tendrán que marchar derechitos y respetar sus reglas y límites o pasar de largo. Esa mujer está cansada de los juegos y harta de jugar. Pero emitirá señales que manifestarán que es capaz de ser leal, de cuidar a un hombre, de apreciar lo que él aporta a una relación, que está lista para el amor —amor verdadero y duradero.

Una noticia importante: no es el hombre quien determina si eres un pez al que se devolverá al mar o un premio al que atesorará toda la vida: eres tú. No odies al jugador, odia el juego. Cuando un hombre te aborda, tienes el control absoluto de la situación, decides si puede hablar contigo, invitarte una copa, bailar, darle el teléfono, conocer tu casa, todo eso. Claro que eso es lo que queremos, por ello te abordamos, pero es la mujer quien decide si nos dará lo que queremos, y cómo, exactamente, podremos obtenerlo. Sabemos que controlan la situación por cada palabra, cada movimiento y cada señal, esto le permitirá al hombre determinar si es derecho con ustedes o si se va con la de junto a hacer pesca deportiva.

Me gusta pensar que la forma de manejarlo es similar a cómo se hace para obtener un ascenso en el trabajo. Piénsenlo: salir es como los negocios; la mejor manera de tener éxito es desarrollar destrezas y manejar aquello sobre lo que tienes control.

Cuando recién comenzaba en la farándula, sabía que ambicionaba ser de los mejores cómicos. Pero como los dueños de los clubes no me conocían, todo lo que pude obtener al principio fue abrir: ser el telonero. Aun así yo sabía que si controlaba todos los aspectos de mi trabajo, como llegar a tiempo, hacer relaciones, y sobre todo hacer chistes graciosos e inteligentes, esos que hacen que el público y los dueños de los clubes te recuerden, algún día obtendría el trabajo que deseaba, el que tiene el nombre en la marquesina y cuarenta y cinco minutos para hacer que la gente aúlle de risa. Yo manejaba mis quince minutos logrando que las personas rieran como locas y recordaran mi nombre, y comencé a obtener contratos donde mi nombre estaba incluido en la cartelera; era el comediante con treinta minutos en el escenario. Entonces hacía con ese tiempo lo que había hecho con mis quince minutos, lograba que la gente se divirtiera tanto que a los dueños de los clubes no les quedaba más que ofrecerme el nombre en la marquesina.

Mi éxito, convertirme en uno de los "Reyes de la comedia" se basó en mi deseo y habilidad para controlar mi producto, mi actuación, lo que me llevó a ser aquello que quería. Hacerlo me dio exactamente lo que anhelaba: éxito. Lo mismo

93

aplica para la mujer que desea ser un premio que se atesorará toda la vida, en lugar de ser el pez devuelto al mar. Debes manejar lo que puedes controlar: tu imagen, la forma en la que te conduces, cómo permites que los hombres te aborden y hablen contigo, y usarlo para obtener la relación que deseas.

Te daré una imagen clara: estás en el gimnasio, en la escaladora, con el brassiere deportivo apretado y pantalones ajustados *spandex*, el sudor te hace brillar mientras trabajas tu cuerpo, eres sexy; entonces, un tipo guapo entra al gimnasio, es varonil, fuerte, sin anillo en el dedo. Sube a la caminadora que está a tu lado, la química entre ambos es eléctrica: te sonríe, le correspondes; te vas a otra máquina, él te sigue, te mira, le correspondes y, cuando terminan de ejercitarse se lanza, se te acerca para romper el hielo.

"Me impresiona cómo haces ejercicio", dice mientras te mira rápidamente a los ojos, rápidamente su mirada baja un poco y se detiene en tus caderas. "Se ve que te cuidas. Genial."

Cómo respondas, la forma en la que controles el intercambio será lo que haga la diferencia entre ser un premio o un pez para devolver. Si dices algo como "una chica se debe conservar linda" y das una vueltecita para que te pueda mirar mejor, ese hombre hará un cálculo mental para inferir qué tan rápido puede meterse en tu cama y cómo cambiará de horario en el gimnasio una vez hecho. Un hombre determinará por esas seis palabras y esa vueltecita que eres una mujer a la que se puede acceder con cierta facilidad —una mujer que sólo busca pasar un buen rato y que se cuida sólo para que su cuerpo sea atractivo y los hombres que lo vean lo disfruten. Te puedo asegurar que las próximas palabras que salgan de su boca serán un intento serio de engancharte a su anzuelo y en cuanto piques te izará, luego te devolverá al agua y pasará a lo siguiente.

Si respondes algo como: "Gracias, mi salud me importa y el ejercicio es parte de eso", sabrá que va a tener que escarbar más profundamente para conocerte. Esto no garantiza que por eso pensará que eres, quizá, el premio de su vida. Para eso tendrán que hablar más, mucho más, pero por lo menos no te clasificará de inmediato como pesca deportiva. Tus comentarios pueden llevarlo a hablar contigo acerca de por qué el ejercicio es importante para él, lo que puede llevar a una conversación auténtica sobre por qué hacer ejercicio es importante para ustedes, eso es un interés en común. De allí es posible que existan más preguntas, para las que tendrás respuestas que dejarán en claro tus requisitos, los suficientes para que sepa que no eres pesca deportiva, sino alguien que busca a un hombre para que se quede.

Debo decir que revelar que no eres pesca deportiva no es garantía de que el tipo se quede. Algunos hombres sólo pescan deportivamente y no tienen la menor intención de hacer otra cosa que no sea devolver a las mujeres al mar. Si este es el caso con el tipo, déjalo ir, ¿qué puede importarte? Él no es a quien buscas. Sé que se les ha dicho que no hay que desperdiciar oportunidades cuando un hombre las aborda porque podría ser "el indicado", pero estoy aquí para decir que esa forma de pensar es tonta. Las mujeres son inteligentes. Todas ustedes saben cuando un amigo está mintiendo, cuando tus hijos andan en malos pasos, cuando los colegas hacen mal su trabajo. Y son rápidas para comunicar a estas personas que se dieron cuenta y que no se andarán con juegos. Pero cuando se trata del sexo opuesto, toda la inteligencia se sale por la ventana; ceden el control y pierden el dominio de la situación —se lo conceden a cualquier fulano que las mire dos veces. Sólo porque las miró dos veces. Estén atentas, sepan que si este hombre no anda en busca de una relación seria, no cambiará de manera de pensar sólo porque sale con ustedes y comparte su cama. Pueden ser las mujeres más perfectas sobre el verde planeta Tierra, capaces de tener una conversación inteligente, cocinar un desayuno maravilloso, dar masajes con la generosidad con que hacen un sándwich, independientes, lo que significa que no estarán metidas en sus bolsillos, pero si él no está preparado para una relación seria, las tratará como pesca deportiva.

Un ejemplo perfecto está en una carta de la sección "Cartas Fresas de *El Show de Steve Harvey*". En este espacio se incluyen misivas que mandan los radioescuchas, esta fue enviada por una mujer que se está dando cuenta de que la tratan como a un juguete:

He salido con este hombre por seis meses, todo parecía ir bien hasta enero de este año. Salimos, nos visitamos el uno al otro en nuestras casas, pero de pronto dejó de llamar. Suena emocionado cuando le hablo aunque se pone un poco tenso. Cuando le he preguntado si quiere romper la relación, me contesta que no, pero luego se comporta como si no le interesara. No sé qué pasó, todavía me gusta, pero me molesta saber que trae algo en mente que no ha querido com-

partir conmigo, o tal vez está saliendo con otra mujer y me mantiene como repuesto en el bolsillo trasero del pantalón.

Él está de pesca deportiva y ella, en el fondo de su corazón, lo sabe, pero sigue allí con la esperanza de que él sea honesto. Cualquier mujer en esta situación debe abandonar al tipo en lugar de invertir tiempo y energía en un hombre que ni quiere ni puede estar a la altura de las expectativas; cuando aparezca el próximo, tomen el control de la situación e infórmenle las reglas y límites (no dejes de leer el capítulo "Los hombres respetan las reglas; prepara las tuyas"): "No contesto el teléfono después de las 10 de la noche, los niños están dormidos y tengo que descansar." "Me da gusto que un hombre aparezca a la hora que dijo, o si no, que llame para avisar que está retrasado", o: "No me acuesto con alguien si no es en una relación estable y duradera, no me gusta el sexo casual", son ejemplos de reglas aceptables para cualquier hombre que decida abordarte. Si son demasiado para él, es que está de pesca deportiva.

Si, en cambio, ya tiene un proyecto de vida y para que ese proyecto esté completo necesita a una mujer que esté en igualdad de circunstancias, se quedará por ahí y continuará la plática. Ese hombre está dispuesto a trabajar —el que sabe que no se trata nada más de ligarte, acostarse contigo y alejarse. ¿Ese? Ese es tu hombre. Anda buscando su premio para toda la vida, y cuando haya demostrado que es digno de tu tiempo, entonces podrás permitirle que te lleve a casa, te filetee, te empanice, te fría y te sirva en un plato delicioso. ¿Todavía necesitan más ejemplos para diferenciar la pesca deportiva de los premios para toda la vida? Lee:

97

1) Una mujer que justifica el respeto es un premio para siempre; una mujer que permite que los hombres le falten al respeto es un pez para devolver.

2) Una mujer que se viste con corrección, que mantiene ocultos sus atractivos de forma razonable y que al mismo tiempo sabe ser sexy, es un tesoro; una mujer que apenas se tapa y chorrea sexo es pesca deportiva.

3) Una mujer que no deja que un hombre se le caiga encima mientras bailan por primera vez es un tesoro; una mujer que baila como en un video de hip hop y que haría verse a Karrine Steffans como una monja, es pesca deportiva.

4) Una mujer que acepta el teléfono de un hombre pero no le da el suyo, es un premio; la que da el teléfono de su casa, de su trabajo, su celular y su email a un hombre que no ha hecho nada más que invitarle una copa y preguntarle cómo contactarla, es un pez para devolver.

5) Una mujer capaz de mantener una conversación respetuosa y amable con un hombre y con la madre de ese hombre es un premio. Una mujer a la que le atemoriza hablar con la matriarca de una familia es pesca deportiva.

6) Una mujer que sabe adaptarse a la situación que le toque en suerte, que puede hacerse entender y respetar en la junta de padres de familia, en la oficina, en un restaurante o un evento deportivo, es un premio. Una mujer que no puede articular correctamente una oración y que no se preocupa por eso, es pesca deportiva.

7) Una mujer que sabe que desea tener una relación y una familia, y que le hace saber eso al hombre desde el principio de la relación es un premio; aquella que no tiene idea

de lo que pasará con su vida amorosa más allá del fin de semana, es pesca deportiva.

8) Una mujer que se le puede presentar a los amigos y la familia es un premio; una que ni nos molestamos en presentar es pesca deportiva.

9) Una mujer que sonríe y se cuida y que en general está contenta con su vida es un premio; una mujer que no se cuida y está amargada, que tiene una actitud más nociva que la viruela y que no se tienta el corazón para humillar a quien sea por el error más inocuo, es pesca deportiva.

10) Una mujer que agradece lo que haces por ella es un premio; una mujer que te hace sentir que hagas lo que hagas nunca será suficiente, es pesca deportiva.

11) Una mujer leal es un premio; la que siempre está al acecho de algo mejor es pesca deportiva.

12) Una mujer que acepta que el hombre mida su virilidad por quién es, qué hace y cuánto gana y que lo apoya, es un premio; una que usa su quincena y su influencia como espada y que desdeña el trabajo y las contribuciones económicas de él, es pesca deportiva.

CÓMO IDENTIFICAR SI EL HOMBRE QUE CONOCISTE BUSCA UN PREMIO O HACE PESCA DEPORTIVA

1) Si su conversación es superficial y no parece que pueda cambiar, está de pesca deportiva; si se interesa sinceramente por tus necesidades, tu vida, tus deseos y tu futuro, busca un premio.

2) Si se ríe de tus requisitos y límites, hace pesca deportiva; si está dispuesto a seguir las reglas y las respeta, busca un premio.

3) Si te pide el número telefónico pero se tarda más de un día en llamarte, está de pesca deportiva; si te llama de inmediato y demuestra su interés, busca un premio.

4) Si te invita a salir y te deja pagar o paga su parte, está de pesca deportiva; si paga la cuenta quiere demostrar que es un buen proveedor, busca un premio.

5) Si se citan y con frecuencia llega tarde sin avisar, está de pesca deportiva; si es puntual, busca un premio.

6) Si no conoces a sus amigos, familia, colegas, a las personas importantes para él, anda de pesca deportiva; si te presenta a su gente busca un premio.

7) Si se le ocurren mil excusas para no conocer a tus amigos o familia, está de pesca deportiva; si está dispuesto a ir a la parrillada familiar o a un evento social donde tus amigos, familia o colegas estarán presentes, busca un premio.

8) Si se espanta con la palabra "hijos", está de pesca deportiva; si está dispuesto a conocerlos y llega con regalitos para ellos y se relaciona de tal modo que los niños se sienten seguros, quizá los considere premios.

9) Si no ha organizado su vida en el aspecto económico, emocional y espiritual, está de pesca deportiva; si es capaz de mantener y proteger a su familia potencial como un hombre de verdad, busca un premio.

10) Si trata de convencerte de que tengan una relación "abierta", y afirma que a él no le agobia que salgas con otros hombres, está de pesca deportiva; si quiere "exclusividad" y está de acuerdo en estar sólo contigo, te considera un premio.

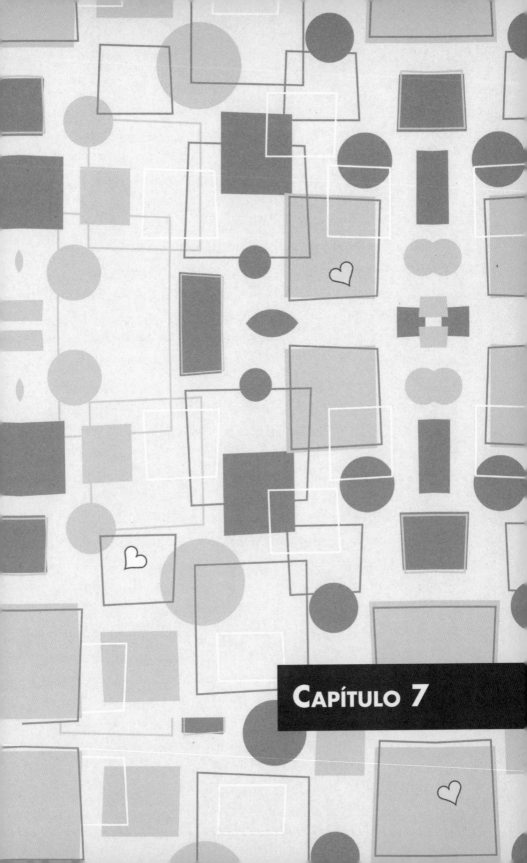

CAPÍTULO 7

LOS HIJITOS DE MAMI

Cada día en *El Show de Steve Harvey*, mi co anfitriona Shirley y yo, presentamos un segmento del programa que es muy popular, "Cartas fresas", en él los radioescuchas exponen sus problemas e intentamos ayudarlos. Nos llegan todo tipo de correos electrónicos y cartas de personas que buscan cómo manejar niños salvajes, jefes que exigen demasiado, novios que ponen los cuernos, mamás fuera de control, familiares avorazados con el dinero, amistades horrorosas... cualquier cosa ha sido parte de esa sección.

Algunas situaciones son tristísimas, otras, son tan sorprendentes que te brinca el corazón, algunas más te hacen negar con la cabeza y preguntarte cómo pudo esa persona salir del hoyo. Quienes escriben no lo hacen al vacío: por cada problema dirigido a "Cartas fresas" hay miles de oyentes que viven el mismo drama. Brindamos nuestra opinión y elaboramos sugerencias sensatas para resolver el enredo en el que están metidos, con el deseo de que los consejos no sólo ayuden a los remitentes, sino a la legión de seguidores del programa que están en busca de respuestas.

Llegan muchas cartas, pero recientemente una capturó mi atención, la escribió una mujer, y en el encabezado decía: "¿Me casé con un niño o con un hombre?", después explicó que era una mujer de treinta y cinco años, casada con un hombre de treinta, habían salido diez años antes de casarse, y se había casado hacía seis meses. Aunque sostiene que su relación es fantástica, la controladora madre de su esposo la vuelve loca. Aquí un fragmento del texto:

Ella controla a mi marido como si fuera un niño, lo llama para cualquier cosa que necesita. El teléfono suena muy noche y puedo oírla dando de gritos porque él hizo algo con lo que ella no está de acuerdo. Le pide dinero, que le pinte la casa, que la recoja del cine, que la ayude a cocinar en ocasiones especiales y hasta que le lave la ropa. Escribo esta carta porque son las diez de la noche con cuarenta y dos minutos, estoy sola en casa porque a mi marido lo llamó su mamá para que la ayudara a hornear pasteles para una venta de caridad que hará mañana. Yo tenía planes para estar con él, pero una vez más, su madre se interpuso. Espero que no me malinterpreten: me encanta el hecho de que respete y ayude a su madre, pero a veces me siento excluida. Mis hijos y yo estamos siempre en segundo lugar. A lo largo de los años he guardado silencio sobre esto, pero no sé cuánto más voy a soportar... su madre lo aleja de nosotros constantemente. A veces siento que no me casé con un hombre... necesito que se porte como un hombre y que recupere el control.

La verdad entiendo a "¿Me casé con un niño o con un hombre?", he escuchado la misma queja de diversas mujeres que se enfrentan al mismo problema: sus hombres están demasiado atados a sus madres, en una edad en la que se espera que los hijos sean totalmente independientes —y éste es un lazo que les permite a las madres ejercer una variedad enorme de control sobre sus vidas, casi siempre en detrimento de las relaciones románticas de los hijos. La madre dice: "Brinca" y el hijo contesta: "¿Qué tan alto y a qué horas me necesitas de regreso?", mientras la esposa/novia pone los ojos en blanco y se sienta en la esquina con la trompa parada, preguntándose a) por qué este hombre adulto no hace nada para arreglarse la cabeza para que, de vez en cuando, le salga un "no" de los labios; b) por qué esta mujer tiene tanto poder sobre su hombre; y c) qué clase de herramienta puede comprar/rentar/pedir/inventar para poner distancia y que ella y su hombre reanuden el asunto de construir una vida juntos. No importa qué digan o hagan, no importa si lo asan o lo fríen, las mujeres que están en la misma situación de "¿Me casé con un niño o con un hombre?" sienten que no hay forma de ganarle a la otra mujer, la madre. Esas mismas mujeres pueden darte más deducciones que un detective para explicar por qué su hombre es digno del título "hijito de mami": su madre se niega a cortar el cordón umbilical y dejarlo ser un adulto; su madre piensa que no hay mujer sobre la Tierra digna de él; su madre tiene algo en contra de su media naranja; él no quiere madurar; él es capaz de brincar desde los techos por mamá porque ella lo mima y lo malcría y está allí para satisfacer hasta el más mínimo de sus caprichos. Las hemos oído todas.

105

A la redactora de "¿Me casé con un niño o con un hombre?" y todas las mujeres que están en relaciones con hombres así, tengo que decirles lo siguiente: ya no vengan con excusas y reconozcan que es un hijito de mamá porque ustedes le permiten serlo. Ya lo dije. Es culpa suya.

Explicaré cómo es posible que un hombre se levante de una cama calientita, con una hermosa mujer desnuda, se ponga la ropa, tome las llaves del coche en la noche y maneje a casa de su madre a hornear pasteles para la venta de caridad, dejando a su mujer y a sus hijos solos. Sucede porque su madre estableció requerimientos y límites que ese hombre obedece y su esposa no.

Vean, ya les dije cómo funciona: el hombre que las ama será quien ustedes necesitan si establecen requerimientos y reglas para hacer funcionar la relación tal como la desean. Un hombre verdadero estará contento y dispuesto a vivir con esos criterios mientras sepa cuáles son y mientras esté seguro de que las reglas están ahí para que la mujer que él ama sea feliz. Lo único que las mujeres deben hacer es establecer, al principio de la relación, las pautas y asegurarse de que las respete.

Claro que si no le han puesto norma o límite alguno, adivinen ¿cuáles obedecerá? Claro, las de mamá. Ella, después de todo, fue la primera mujer que le dijo qué era aceptable y qué no; fue quien le enseñó a lavarse las manos antes de sentarse a la mesa; quien le exigió estar de regreso en casa antes del anochecer; ir al catecismo los domingos, proteger a su hermana cuando estuvieran solos en la calle, y siempre, siempre, escuchar y confiar en su madre. ¿Y saben qué hizo él? Pues seguir las reglas casi al pie de la letra, porque ningún niño quiere enfrentarse a las consecuencias de no cumplirlas o de no escuchar y respetar a su madre. También las seguía por amor, y las reglas de mamá eran casi inamovibles. Ah, claro que se adaptaban a su edad y circunstancias, pero una madre siempre tiene ciertas reglas ubicadas al inicio de la lista de prioridades, no importa cuál sea la situación que ese hijo haya logrado en la vida; éstas incluyen respetarla siempre, protegerla y ver por ella, sólo porque le dio la vida. Ella jamás dejará que esas normas pierdan vigencia, y el hijo, si es un hijo bueno, considerado y agradecido, nunca romperá con ellas.

Nunca, hasta que encuentre a una mujer a quien amar y que lo ame y que tenga la suficiente sensatez para poner otras reglas en la relación, sobre todo:

1) Me tienes que respetar.

2) Después de Dios, seguimos tus hijos y yo, sobre todos los demás.

3) Sé claro con la gente que te rodea: todos deben respetar nuestra relación. Nuestra relación y a mí.

Ahora, si jamás has puesto reglas, y su madre jamás ha depuesto las suyas, no es raro que te deje desnuda en la cama y se vaya a hornear pasteles. No es que su madre lo traiga con la rienda corta, es que tú no has querido tomar las riendas. "¿Me casé con un niño o con un hombre?", dijo la que ha estado en una relación de más de diez años con su marido y que ni una sola vez se ha atrevido a manifestar su disgusto cuando la madre lo saca de casa para ponerlo a trabajar en la suya. "Todos estos años me he mantenido en silencio ante esta situación...", escribió. Así que si nunca le ha dicho a su hombre que no le gusta que la deje para salir corriendo a casa de su madre; si nunca le ha dicho que le incomoda que su madre le grite como si fuera un niño; si no quiere que cocine, maneje y le lave la ropa cuando ella necesita apoyo para hacer exactamente esas mismas cosas, ¿cómo espera que él lo sepa? ¿Cómo puede saber que sus interacciones con su madre violan los esquemas de su esposa? Los hombres no sabemos leer la mente y somos incapaces de adivinar lo que las mujeres quieren.

Así que debes hablar y fuerte.

La remitente de "¿Me casé con un niño o con un hombre?" no dijo en la carta por qué no le dijo nunca su marido que estaba harta del abuso de poder de su suegra a lo largo de una década, pero me imagino que fue por miedo a que él la abandonara. Que si ella trataba de apartarlos, aunque fuera en esos términos, él escogería a su mamá y la rechazaría. Permítanme decirles que los hombres no somos así: si él es un hombre de verdad, sabrá cómo poner límites a su madre sin romper con ella, y negociará para que todos queden contentos, y su esposa satisfecha.

Primero, deben de asumir que no hay forma de ganarle a esa mujer: ella le cambió los pañales, puede guisar su platillo favorito exactamente como a él le gusta, conoce a la mayoría —si no es que a todos— sus amigos y lo ha tratado más que nadie. La sangre de ella corre por las venas de él. Si él ama a su madre y tienen una buena relación, no tiene nadie por qué meterse y, francamente, más vale que se den cuenta de que es mejor estar en una relación con un hombre que se lleva bien con su madre, que con alguien que no tolera a la mujer que lo parió. Me atreveré a decir algo que probablemente sea cierto: si él no soporta a su madre, será difícil que se comprometa en una relación estable y amorosa, pues no tiene clara la cuestión hombre/mujer. En cambio, un hombre que es buen hijo y trata a su madre con respeto, sabrá tratarte a ti. Pero ciertamente puedes trabajar con tu hombre y su madre usando el poder que tienes para asentar ciertas pautas y límites que debe respetar, de forma que ayude a su proyecto de familia, o de mezclar las familias de ambos. En lugar de escribir una Carta fresa a medianoche mientras su marido se salía de puntitas de casa para ir a ayudar a mamá, "¿Me casé con un niño o con un hombre?", debió atajar a su marido en la puerta del dormitorio y decirle algo como: "Sé que amas a tu mamá y que harías cualquier cosa por ella, pero que te salgas de la casa a esta hora, y nos dejes solos para hornear pasteles, no es aceptable. Si escoges ir allá, tendrás que pasar la noche en casa de tu madre."

Esto no sería ni cruel ni irracional. Dejar sola a la mujer y a los niños al cuarto para las once de la noche —sea para hornear pasteles o para ir al club de nudistas— es inaceptable si la mujer no está de acuerdo. Y si ella se lo deja saber, lo está haciendo consciente de las pautas que se deben respetar para hacer funcionar la relación. Una vez que ella lo haya dicho, le toca a él dar el paso que sigue. Puede irse a hornear los pasteles o puede reaccionar como un hombre, llamar a su madre y hacerle ver la situación; puede decirle que no irá en la noche, pero que al otro día, temprano antes de la oficina, le llevará pan dulce o pasteles comprados. A lo mejor la señora se enoja, pero no debe importarte. De nuevo: tú no puedes controlar las reacciones de tu suegra respecto de su hijo, lo único que puedes controlar es cómo te sientes tú respecto a él y qué esperas de la relación.

Pero "¿Me casé con un niño o con un hombre?" esperó casi once años para arriesgarse y expresar su opinión. Lo mejor es que al comienzo de la relación la mujer ponga sus cartas sobre la mesa. Díganle que no pretenden de ninguna manera meterse entre su madre y él, pero menos aún ponerse a competir con ella, así que él sabrá cómo le hace para que su mamá sepa, de forma inequívoca que. a) entienda claramente que las necesidades de su novia/prometida/esposa son primero; y b) que su madre debe respetar la obligación que su hijo desea ejercer como protector y proveedor de la mujer a quien ha elegido amar. Un hombre de verdad se da cuenta de que el apoyo que obtiene de su madre: ropa, techo, educación, amor y todo lo demás, tendrán que suspenderse cuando su mayoría de edad se consolide. Y que si desea tener una relación verdadera, sincera y perdurable con una mujer, debe cortar el proverbial cordón umbilical para construir una nueva familia: la propia.

Todo lo que debes hacer es expresarte.

Decirle desde el principio: "Te necesito para que nos ampares y resuelvas nuestras necesidades, que nos des seguridad en la vida, que me ayudes a criar a estos niños, darle un ejemplo al varón pues necesita entender qué significa ser un hombre de verdad; la niña necesita saberlo también para que sepa buscar a su pareja en el futuro. Necesito que seas el padre y la cabeza de esta familia".

Si lo explicas así, tus pautas serán respetadas, situadas, incluso, sobre las de su mamá. Siempre.

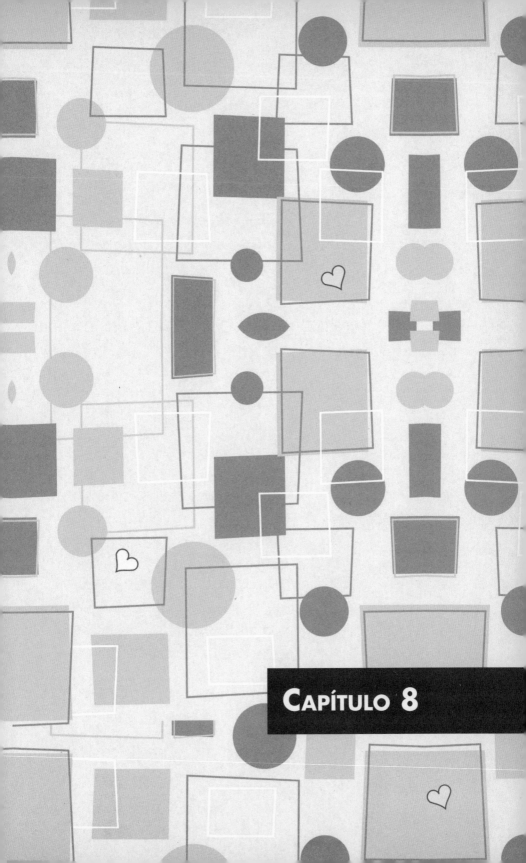

CAPÍTULO 8

Por qué los hombres son infieles

Desde la perspectiva masculina, las respuestas a la pregunta ¿por qué los hombres engañan a sus mujeres? son claras como el agua. Para las mujeres no. No importa qué tan buenas o sensatas sean las razones con las que los hombres quieran explicarlo: saben que jamás una mujer les dirá: "¡Ah! ¡Ya entendí!", no hay palabras ni expertos que tengan las credenciales para explicarlo, cortarlo y recortarlo de forma que a las mujeres les parezca lógico: las respuestas a esta pregunta del millón de dólares, suenan como tonteras de diez dólares.

Y, ¿quién puede discutirlo? Para la mayoría de las mujeres engañar al esposo es algo, de entrada, impensable. Por eso no pueden, ni quieren, entender por qué un hombre es infiel, ni están dispuestas a fingir que lo comprenden. Ustedes piensan que ya le dijeron que lo aman; le han entregado su mente, su cuerpo y su tiempo; se fueron a vivir con él, han compartido gastos y trabajo; le han lavado la ropa; hecho de comer; tenido sus hijos; respondieron con un entusiasta: "Sí, acepto", frente a dios, el sacerdote, sus madres, y los mejores amigos de ambos, y consideran que lo menos que puede hacer el hombre es honrar lo que para ustedes es lo más sagrado entre lo sagrado: la promesa de ser fiel. Puede decir mentiras de vez en cuando, flojear un poco en las tareas domésticas y de crianza, atrasarse con el pago de impuestos, prestar más atención a sus cuates y madre, vaya, hasta caer en la mediocridad en cuanto al dormitorio, incluso decir el nombre de Dios en vano mientras te vas a misa sola. Se lo aguantas. Pero si un hombre es infiel, retiembla en su centro la Tierra.

Es mi manera de decir que las mujeres aguantan un montón de cosas.

La infidelidad no es una de ellas.

Ahora, ¿los hombres? Bueno, sabemos esto. Y sabemos el trabajo que puede costarnos, el daño colateral, las pérdidas —quizá irreparables— que acarrea que nos atrapen con las manos en la masa, y la tarea hercúlea que será ganar de nuevo la confianza de una mujer engañada —y no sólo de ella, de su madre y sus amigas y cualquiera que haya comprendido lo duro que es resucitar después de una catástrofe semejante. Y sin embargo lo seguimos haciendo.

¿Por qué?

La verdad es que no estoy aquí para justificar las acciones de un hombre infiel. Más bien les ofrezco mi humilde intento de explicar por qué un hombre va y toma algo que no debe, y qué pueden hacer para minimizar las posibilidades de que ocurra en su relación. Así que hay que tomar el toro por los cuernos y entender que los hombres son infieles porque...

Pueden

No importa qué tanto abundemos en el tema, que lo endulcemos o no; los hombres no entienden el sexo de la misma forma en que ustedes. Así de sencillo y simple. Para muchas, el coito tiene un importante ingrediente emotivo: es un acto de amor. Es comprensible, si consideramos la pura parte física del asunto; es decir, tienen que recostarse y permitir que un objeto extraño entre en sus cuerpos. Se les ha enseñado que ese acto íntimo sólo es aceptable con alguien que realmente signifique algo para ustedes.

Por contraste, cuando se trata de los hombres y el sexo, ni las emociones ni el significado entran necesariamente en la ecuación. Es fácil —muy fácil— para un hombre tener un contacto sexual, irse a su casa, limpiar las huellas con agua y jabón y hacer como que nunca sucedió. El sexo puede ser algo puramente físico para nosotros, el amor no tiene que ver con ello. Lean esta carta fresa de una mujer que usó el seudónimo "Preocupada":

En una conversación con el hombre que ha sido mi marido por más de veinte años, le pedí que respondiera sinceramente si estaría siempre satisfecho de hacer el amor sólo conmigo. Dudó tanto tiempo antes de contestarme que supe

ACTÚA COMO DAMA, PERO PIENSA COMO HOMBRE

que diría que no. Entonces explicó que me amaba y que jamás haría nada que me lastimara, pero que si yo le daba permiso de tener sexo con otras mujeres, no de establecer una relación con ellas, pero sí de acostarse, lo haría. Me dijo que conforme envejecía, le había comenzado a preocupar si era sexualmente atractivo, y que la atención que una mujer más joven le podía prestar, sería un alimento para su ego. Y luego me preguntó si yo le daría permiso de tener sexo con otras mujeres, insistió en que les diría que no tendría vínculos emocionales, sólo sexo. Hasta me ofreció responder a cualquier pregunta que tuviera respecto de estos encuentros, o que si prefería no saber, no me diría una palabra. Obviamente, tiene un problema con la monogamia. ¿Debo aceptar para evitarme un montón de mentiras? ¿Qué puedo hacer para que cambie de opinión si es que es posible?

La respuesta para la última pregunta de esta carta fresa es: muy poco. Un hombre puede amar a su esposa, a sus hijos, su hogar y la vida que han construido, incluso seguir teniendo una conexión física increíble con ella, y además, buscar sexo con otra mujer sin pensárselo dos veces porque el acto sexual con la otra no tiene, para él, el menor significado. A lo mejor fue algo que lo hizo sentir bien físicamente, pero emocionalmente su corazón —el que profesa, provee y protege, eso es exclusivamente para su esposa. Ahora, filtremos esa información a través de la mirada, de por ejemplo, un hombre en un puesto de alto poder que tiene una esposa con un trabajo igualmente prestigioso que el suyo. No pretendo saber qué es lo que ocurre detrás de la puerta con esa pareja, pero al menos públicamente ellos parecen felices, enamorados y son un apoyo el uno para el otro. Pero quizá el trabajo de ella la obligue a viajar hasta otro continente y esto significa que lo deja al cuidado de la casa, los hijos y, además, en su propio y demandante trabajo, sin ni siquiera una de esas llamadas telefónicas calientes y amorosas que lo podrían ayudar a pasar largos periodos sin sexo. Créanme cuando digo: en esta situación, un montón de hombres justificarían un encuentro rápido. Ningún hombre se la puede pasar sin sexo tanto tiempo. No es que no quiera a su esposa. Pero cuando llega a la casa en la noche, muerto de cansancio, todavía debe revisar que los niños hayan hecho la tarea, y hacer la cena y llevar a los hijos a sus clases de después de la escuela. Estará muy estresado y la mayoría de nosotros, los hombres, podemos entender lo que ya comenzó a procesar en su cabeza: iré a tal lugar y me acostaré con tal mujer, me voy a relajar y a cargar pila. Y luego vuelvo al trabajo, la cocina, la tarea, la escuela, hasta que la mujer a quien amo regrese.

Esto les puedes sonar frío y calculador, pero para un hombre es sensato. Tiene que intentar sentirse mejor de alguna manera, así que irá a buscar sexo con otra, puesto que su mujer no está. Ustedes lo perciben como una traición. Los hombres como una forma de cargarse de energía, sobre todo si...

117

CREEN QUE PUEDEN SALIRSE CON LA SUYA

Por supuesto que los hombres piensan en los riesgos de ser atrapados con las manos en la masa, pero la mayoría inicia sus engaños con plena confianza de que saldrán bien librados, y con la seguridad de que si los descubren dirán mentiras hasta que le crean. Yo hacía un chiste donde recomendaba a los hombres mantener sus mentiras hasta el final. Yo decía: "No me importa si alguien tiene la foto de mi trasero en la posición más comprometida, con mi número del CURP en la nalga izquierda, yo le voy a decir a mi esposa: no soy yo, aunque esos sí son mis zapatos y ese sí es mi número del CURP, no soy yo y no sé cómo el tipo ese averiguó mi número y se agenció mis zapatos, ¡no soy yo!"

Bueno, ese era mi chiste, pero la mayoría de los hombres no consideran que haya nada chistoso en el hecho de que los pesquen. Un hombre que es infiel ha calculado, seguramente, cuál será el daño colateral tras ser descubierto: la pérdida potencial de la mujer que ama, de sus hijos, de su hogar y de su tranquilidad espiritual; reconoce también que esto puede ser un duro golpe para las cosas que le importan en la vida. Todos sabemos que es cierta la frase: "El infierno no conoce furia mayor que la de una mujer despechada"; los hombres entendemos lo que este dicho significa mejor de lo que las mujeres lo entienden; sabemos que el asunto se puede poner infernal y que habrá mucho enojo si nos atrapan con las manos en la masa.

Y aun así, la mayoría de los hombres no creen que serán descubiertos. Básicamente nos sentimos astutos y capaces de hacer mil cosas para esconder nuestras infidelidades, siempre pensando: "Ojos que no ven, corazón que no siente". Tenemos la confianza de que si accedes a estar en una relación con nosotros, tus ganas de permanecer serán mayores que las sospechas que puedan existir en ella. Suponemos, además, que serán capaces de minimizarlas porque prefieren aceptarnos con nuestros defectos que abandonarnos y quedarse solas. Por lo menos, eso creemos. Y al principio, casi siempre, ustedes lo hacen. Pero en el momento en el que sus sospechas se conviertan en una investigación policíaca tipo *La ley y el orden*, nosotros vamos a mentir y negarlo todo.

Eso, si es que nos importa seguir.

Pero si no, si un hombre no te ubica dentro del plan que tiene para su vida, ni siquiera se molestará en negarlo, taparlo, o explicarse. Simplemente te dirá que estaba acostándose con otra porque...

No ha llegado a ser quien quiere ser y necesita saber y encontrar lo que realmente quiere

Quizá consideren que es un pretexto bobo, pero es real. Volvamos a cómo los hombres se miden a sí mismos y en comparación con los otros: expliqué en la introducción, y lo he reiterado a lo largo de estas páginas, nosotros nos definimos por quiénes somos, por lo que hacemos y por cuánto ganamos. Y si aún no logramos estar donde queremos, es muy difícil que sepamos si de verdad queremos comprometernos con una mujer y sentar cabeza, pues algo

119

así no tiene cabida en los planes, no somos ni verdaderamente independientes, ni maduros, ni tenemos qué ofrecer. Quiero decir: ¿cuántas veces no han visto relaciones en las que el hombre dice: "Quiero consolidar mi vida profesional antes de comprometerme"?, o "primero consigo ese trabajo y luego pensaré en sentar cabeza". Ese hombre intenta completarse, y mientras ese sea su objetivo, no organizará su vida de forma que incluya una relación seria. Se dice a sí mismo que no tiene tiempo para eso, no es una prioridad para él. Y aunque lo mates, no será.

Lo mismo puede pasar, también, con un hombre que ya esté casado y con hijos. Un hombre que es maduro y ya se ha dado cuenta de quién es, y está satisfecho con lo que gana, probablemente ha organizado su vida de forma correcta: es quien quería ser y ha puesto sus prioridades en el orden siguiente: Dios, familia, educación, negocios y luego lo demás. Pero si su familia no está en el segundo lugar, seguro habrá problemas. Se dedicará a sus prioridades en el orden que él las puso. Aun si ya dijo "sí, acepto", y ya cargó a sus bebés, e hizo todo lo necesario para proveerlos, si su prioridad número dos es ir de pesca en lugar de estar con su familia, eso es lo que va a hacer, y no se acoplará a tu demanda de fidelidad. No te lo va a echar en cara y tratará de mantener su relación contigo, pero aun con todo tendrá a otra con quien acostarse. Y no tiene nada que ver contigo, no lo tomes personal.

Tengo un amigo en buena posición, realizado, con dinero y una familia bellísima: la vida ideal. Un día estábamos en una reunión, tomando cerveza y platicando de lo bien que nos iba en la vida cuando nos confesó sonriendo: "Amo a mi esposa, hermano, pero tengo mi guarnición". Nos sorprendimos, no te creas que no; pero lo aceptamos porque sabíamos que aún no ponía sus prioridades en orden y no hay nada que podamos decir o hacer para obligarlo a ordenarlas. Él sabe muy bien que en el momento en que deja a su esposa está poniendo algo más delante de Dios y su familia, pero sólo él puede poner su casa en orden. Si es joven, este orden puede llegar tal vez cuando madure; bien dicen los mayores que la experiencia no tiene precio –lástima que tienes que pagarla con tus errores de juventud. Está claro que la madurez va de la mano con la edad, pero hay situaciones que la pueden acelerar: si un hombre es espiritual y tiene una buena relación con Dios, madurará mucho más rápido porque sus valores lo atan a un código moral mucho más estricto. Y este código le indicará que su familia viene en segundo lugar, porque su relación con Dios se lo dice. Y si este es el caso, buscará a una mujer que lo complete –la madre de sus hijos–, que le dará unidad a su vida.

A veces los hombres se vuelven sabios sin necesidad de recurrir a Dios. Tengo un amigo que tenía mujeres haciéndole toda clase de circos y un buen día dijo: "Tengo a todas estas mujeres y logro que hagan cualquier cosa por mí pero no soy feliz. No tengo paz y siento mi vida incompleta." En ese momento decidió ya no usar a las mujeres y buscar lo que realmente anhelaba: una familia. Interrumpió sus juegos. No fue salvado. No tuvo una revelación de Dios. No fue convocado al seminario. Simplemente decidió que necesitaba cambiar para encontrar la felicidad en su vida y la única manera de hacerlo era encontrando a alguien especial.

Cuando un hombre encuentra esa felicidad, la probabilidad de que sea infiel se reduce drásticamente. A menos que...

LO QUE PASA EN CASA YA NO "PASA" COMO ANTES

Sí, es verdad lo que dije: puede tener que ver contigo. Tal vez tu hombre anda por la vida diciéndose a sí mismo que las cosas en la relación ya no tienen la chispa de antes, que ya no lo prendes, que no lo seduces como lo hacías al principio. Sabemos cómo es: los dos comienzan a sentirse cómodos en la relación, se asientan, tienen hijos, compran una casa y luego se empantanan con las cuentas, la crianza de los hijos, el trabajo y la competencia, todo eso que sobreviene cuando tienes una familia y debes mantenerla. Luego, la mujer que él conocía, la que usaba ciertas prendas y se arreglaba para mantener la relación picante y sabrosa, ya no está interesada en ello; el sexo se vuelve aburrido; ella llega de trabajar con una falda linda, tacones y maquillada, pero antes de cerrar la puerta de casa, ya se está quitando todo. Y él que la espera, la ve meterse a la cama con una camiseta holgada y una pañoleta en la cabeza, y ay de ti si la ves con intenciones sexuales porque es capaz de mandarte fusilar.

En otras palabras, lo que hay en la casa se ha convertido en —uf, qué flojera— rutina. Y el hombre extraña la chispa, has cambiado y él también, lo sabemos, pero en este momento hablamos de ti y no de él. Quizá él siente que ya no lo valoras como antes. Ya no le das las gracias por sus esfuerzos con la misma frecuencia, discuten mucho —la inquietud parece que se levanta con ustedes y con ustedes se va a acostar— y la casa dejó de tener la atmósfera del principio. No es lo que esperaba, y si no consigue lo que quiere en la casa, irá a buscarlo a otra parte, porque adivina: él sabe que lo puede encontrar especialmente porque...

LA RAZÓN MÁS IMPORTANTE: SIEMPRE HAY UNA MUJER DISPUESTA A ENGAÑARTE CON ÉL

Y esta es una verdad que ninguna mujer quiere enfrentar. Imagínense que cada mujer dijera: "No, tú estás casado. No puedo andar contigo." Hombre, ¿saben cuántas relaciones y matrimonios existirían todavía? Los hombres pueden engañar porque hay muchas mujeres dispuestas a entregarse a un tipo que no les pertenece. Por supuesto que, de cuando en cuando, se trata de una pobre a quien le tomaron el pelo pues no sabía que su hombre estaba comprometido. Pero la mayoría de las veces sucede que las mujeres saben que se acuestan con un hombre casado. Sí, son mujeres que carecen de reglas y límites, y que tienen baja autoestima y están dispuestas a engañar y ser engañadas. Si se vieran fuera del círculo vicioso del engaño, la incidencia de infidelidades descendería. La forma de salir del círculo es hacer lo que estoy enseñando: pongan reglas, límites y requerimientos, déjenlos claros y apéguense a ellos (capítulo 9); conozcan al hombre de verdad al interrogarlo sobre las cinco cuestiones fundamentales que deben conocer antes de avanzar en la relación (ver el capítulo 10) y sigan la "regla de los noventa días" (capítulo 11). Enseñen esto a sus hijas, de lo contrario, el ciclo de infidelidad y engaño continuará.

Así que, mujeres, las razones que he expuesto son aquellas por las que los hombres traicionan, pero sólo son las principales. Créanme, hay muchas, muchas más. Un hombre siempre querrá justificar lo que hace mal, y las excusas varían según el hombre y la mujer. Lo que es importante que entiendan es que, independientemente de las razones masculinas, él está consciente de que engañar está mal: sabe que no es correcto comprometerse a ser fiel y luego fallar, especialmente si tu compañera necesita lealtad. Las mujeres se preguntan constantemente qué hicieron mal, buscan y encuentran todo tipo de deficiencias: "No hice bien esto"; "no fui lo suficientemente buena"; "no lo amé como hubiera debido"; "ella llegó y me lo robó porque fue mejor", pero el hecho es que él no tenía por qué ser infiel. Las mujeres **no** deben culparse por la infidelidad, cargar esa culpa puede bloquearte, dañarte e impedir que actúes con naturalidad en relaciones futuras. No puedes avanzar si te guías por lo que muestra el espejo retrovisor.

Lo que sí puedes hacer es limitar el número de veces que eres engañada. Puedes hacerlo subiendo el listón en tus requerimientos, las mujeres tienen más poder de lo que creen para delimitar las cosas que suceden; tienen poder de persuasión, intuición, convencimiento y la opción de establecer normas que las resguarden.

Si desde el inicio informas a tu pareja que puedes tolerar muchas cosas pero que la infidelidad no es una de ellas, sabrá que si da un paso en falso estará fuera de la relación. Y, ¿qué pasaría si rompe su promesa? Debes dejarlo ir y alejarte. No es posible que te enteres de que te engañó, lo confrontes, y te quedes con él para interrogarlo sobre cada movimiento y molestarlo por lo que hace; eso significaría que no lo perdonaste, además de que propicias la situación perfecta para que tenga el impulso de engañarte nuevamente. Déjalo ir o encuentra la manera de perdonarlo para continuar.

Ahora, hay veces que es necesario que un hombre pierda lo que tiene para que lo aprecie. ¿Acaso no aplica tanto para hombres como para mujeres? Algunos engañan porque no sufren las consecuencias, pero si te ha sido desleal y ve que está a punto de perderte, estará vulnerable y dispuesto a aprender. Si te reconquista, se enmendará e irá derechito porque casi perdió a su mujer y familia, lo que significa que hará lo que se le pida para congraciarse. Trabajará para ganarse nuevamente tu confianza y obedecerá tus reglas para regresar al equipo. Si va a llegar tarde, debe llamar y avisar, enviar flores cada semana, encontrar una niñera para que puedan salir el jueves, ir a misa los domingos, y hasta sentarse en el diván del psicólogo y lavar la ropa sucia frente a él hasta que estés convencida de que es un hombre distinto, que ha cambiado. Una vez sufrido el escarmiento y forzado a decir: "Guau, casi pierdo lo que amaba", es muy probable que salga del fuego convertido en un hombre mejor.

125

¿Esto quiere decir que será fácil perdonarlo y no andar con sospechas? No. Pero quizá se gane tu confianza nuevamente. No le gustará responder dónde ha estado, odiará no intimar contigo mientras enfrentas y vences tu rabia, resultará desagradable para él ir a rastras al consultorio del psicólogo. Pero en el fondo de su alma, sabe que es la única manera de entrar nuevamente en tu corazón. Comprende que creó la situación: entiende lo que hizo y deduce mejor que nadie las consecuencias y ramificaciones de sus actos. Los hombres sabemos qué es el escarmiento y entendemos que es infernal. Yo lo sé. Me ha pasado a mí también. Le ha pasado a muchos hombres. No puedes ser un hombre poderoso sin poner un pie fuera de tu casa. Dicen que hay hombres poderosos que están encerrados, pero yo no sé quienes son. Pero conozco hombres poderosos que han aprendido a hacer bien las cosas, que regresan a sus hogares a cuidar de sus familias. Cada uno, tarde o temprano, lo entiende. Yo, ciertamente, lo asumo. Ahora llego siempre a casa. Pero tuve que llegar a esta determinación. Y, ¿saben? Muchos hombres que conozco: comediantes, beisbolistas, ejecutivos y demás, se han convertido en los mejores esposos y padres de familia del mundo porque han jerarquizado sus responsabilidades vitales en el mejor de los órdenes: Dios, familia, educación y, luego, negocios. ¿Y sus esposas? Sus esposas se han convertido en mejores compañeras en el proceso, tratando de recrear un poco de la magia que había en el principio, fresco y novedoso, de la relación. A lo mejor llegan de trabajar y en lugar de quitarse los tacones y arrojarlos al otro lado del cuarto, se acercan y le susurran al oído que lo invitan al dormitorio a probar una entrada antes de la cena. O sonríe un poco más, muestra mayor felicidad y se permite ser más espontánea, valora a su hombre y lo manifiesta.

Esta es, de verdad, la historia de uno de mis mejores amigos. Su esposa se enteró de que andaba con otra y lo abandonó —se fue siete meses a casa de su madre y se llevó al niño con ella. El tipo se sentía desdichado. Bajó de peso. Sus amigos íbamos a verlo, lo animábamos y le decíamos: "Vente, vamos a pasarla bien un rato", pero él nos contestaba: "No, no tengo ganas de nada." Hasta le ofrecimos llevarlo a ver a la otra, pensando que si estaba tan mal, un poco de sexo le podría dar ánimos, pero no quiso verla. "Ya terminé con eso", decía. "Mi matrimonio se rompió y perdí a mi niño. La gente que yo más quiero ya no está conmigo. Y los quiero de vuelta."

Le tomó año y medio recobrar a su mujer. No sé cómo esté el asunto a puerta cerrada, pero una cosa sí puedo decir: ahora ella tiene al marido ideal. Cualquier hombre casado puede aprender de él. Pero primero tuvieron que pasarle dos cosas: saber qué es lo que realmente le importa, y experimentar lo que sintió cuando creyó que la había perdido. Y en segundo lugar, aprendió que debía ordenar sus prioridades: primero Dios, después la familia. Y, ¿saben qué? Llega a casa todas las noches, está haciendo dinero, feliz y su familia no tiene nada de qué preocuparse. Y he oído que su mujer dice: "Mi nuevo galán se cuece aparte."

Han vivido su versión de "fueron felices para siempre" durante treinta y tres años. Él es un tipo de primera, y ella una mujer con suerte.

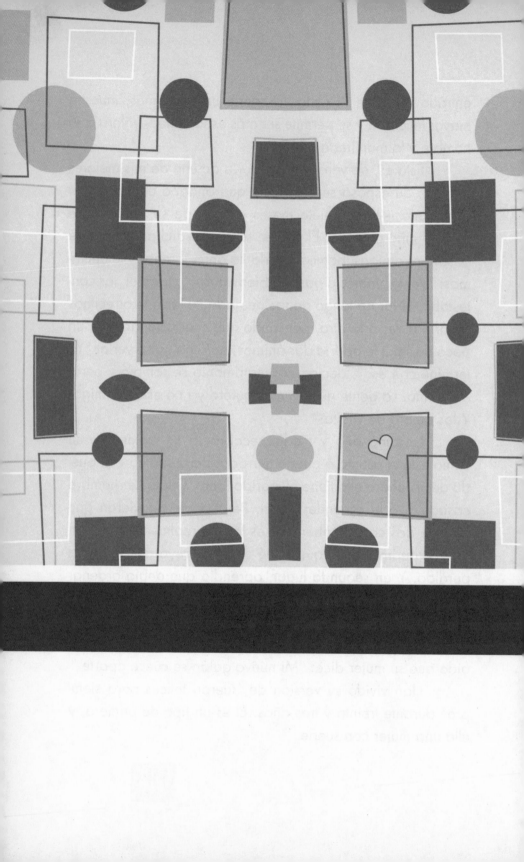

TERCERA PARTE

LAS REGLAS DEL JUEGO: CÓMO GANAR LA PARTIDA

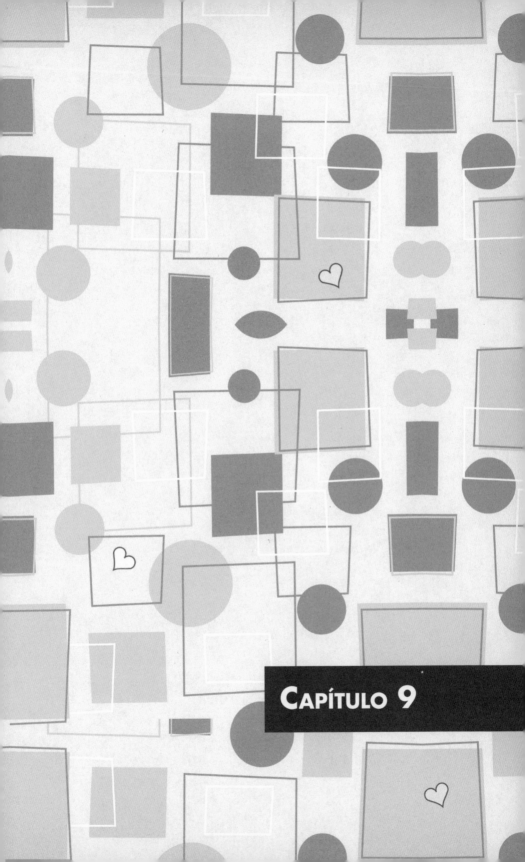

CAPÍTULO 9

Los hombres respetan las reglas, prepara las tuyas

Hay ciertas cosas que deben de saber sobre mi esposa Marjorie. Es muy talentosa y solidaria, bella por dentro y por fuera, ama a Dios y es una madre increíble con nuestros hijos. Tiene clase e inteligencia. Le importo, me respeta y me ama profundamente.

También deberían saber que tiene ciertas reglas de las que me enteré y respeté desde el día que la conocí.

Todo comenzó cuando daba una función en Memphis. Ella entró, acompañada de otra mujer, también muy atractiva. No lo pude evitar: me detuve a la mitad del chiste y le dije: "Perdón, yo sé que usted no me conoce, pero un día de estos será mi esposa." Ella se rió y me dijo: "Usted no me conoce." Pero a mi eso me importaba un pepino, y se lo dije. Supe, allí y entonces, que algún día estaríamos casados. Por supuesto era más un deseo que una certeza.

Tal vez ella lo sabía también, o quizá sólo le gustó lo que vio, pero el caso es que aunque se esfumó el día que le informé de mis planes, reapareció dos días después en otra función, y esta vez le pedí que nos reuniéramos en el camerino para platicar. Aceptó, y nos convertimos en buenos amigos y hasta salimos un tiempecito. Pero más tarde, cada uno tomó su camino. Aun así, Marjorie y yo siempre recordábamos la amistad que habíamos tenido y de cuando en cuando nos llamábamos para ver cómo estaba el otro.

Finalmente, Marjorie y yo nos reconectamos y empezamos a salir nuevamente, todo se formalizó rápido, sabíamos que una relación fabulosa se nos había escapado una vez y no queríamos correr el riesgo de perdernos nuevamente. Aunque tenía la certeza de estar enamorado de esta mujer y de que ella me amaba, aún me veía con algunas mujeres que conocí justo tras mi divorcio, cuando reanudé las citas.

Una noche, mientras Marjorie me visitaba en mi casa en Nueva York el fin de semana de San Valentín, una de ellas llamó a mi celular. No hablamos mucho, la saludé y le dije que hablaríamos después, y que si volvía a su ciudad, iría a verla. Colgué. No pensé que Marjorie escuchara la conversación, al menos no actuaba como si lo hubiera hecho. Pero debí sospecharlo. Tiene "oído de mamá", y no se le va una. Y por supuesto, tarde esa noche, cuando me levanté para ir al baño, eran como las tres de la mañana, veo a Marjorie en el pasillo, de pie, con su abrigo de pieles y su maleta en la mano. Iba a dejarme. A dejarnos.

"¿Adónde vas?" le pregunté. Su respuesta me hizo comprender en ese momento, a la mitad del pasillo, a la mitad de la noche, que ella era *la indicada*.

"No soy el juguete de nadie, ni el plato de segunda mesa", me dijo como si nada, con la maleta en la mano. "Creo que no estás listo para lo que tengo que ofrecer. Tengo mis niños, tengo una buena vida, y quiero un hombre que llegue a mi vida y complete mi familia. Si eso es lo que quieres te veo en Memphis."

Cuando pude recoger mi quijada del suelo, le pedí otra oportunidad, le quité la maleta, encontré mi celular y lo partí en dos. Ya la había perdido una vez: a esta mujer hermosa, dulce, inteligente —y ninguna otra podría ser tan amorosa y dedicada a mis hijos y a mí. Me di cuenta, en ese pasillo, que yo la quería a ella y a nadie más.

En otras palabras, me convertí en el hombre que ella necesitaba porque tuvo la sensatez de tener reglas, normas que necesitaba en la relación para que ésta funcionara para ella. Sabía que deseaba una relación monógama, una asociación con un hombre que quisiera ser un padre y marido devoto. También sabía que el hombre debía ser fiel, amar a Dios, y hacer lo que hiciera falta para mantener a la familia unida. En una escala menor, me hizo saber claramente que esperaba que la tratara como a una dama, quiero decir: abrirle las puertas, sacarle la silla para sentarse, hacer lo propio en nuestro aniversario o el día de la madre, darle regalos de cumpleaños y bajar el lenguaje grosero al mínimo. Estas reglas son importantes para ella porque determinan cómo será tratada; son importantes para mí porque dibujan un mapa virtual de lo que debo hacer si quiero darle lo que quiere y necesita. Después de todo, es una verdad universal que cuando mamá está feliz, todos lo estamos. Y la misión más importante de mi vida es hacer feliz a Marjorie.

Los hombres no podemos cumplir con esta misión sin ayuda de ustedes. No podemos siquiera imaginar qué quieren y necesitan porque sus necesidades y gustos cambian de una a otra como el viento de ciudad a ciudad. Los hombres somos gente simple y lógica. Si nos dicen lo que quieren y lo que no quieren, haremos lo que esté en nuestras manos para estar a la altura de sus expectativas, sobre todo cuando estamos interesados en establecer una relación. (Pero tengan cuidado de no decirle todo a un hombre cuando se acaban de conocer: les diré por qué más adelante.)

En serio: no estamos programados para deducirlo. Nos hace muy felices cuando nos muestran qué requieren. Y necesitamos que lo hagan al principio para decidir si aceptamos la prueba, no cuando ya llevemos dos semanas de relación, o dos meses después del primer contacto sexual, o dos años después de haber dicho "sí" frente a un sacerdote, con la presencia de nuestras familias y amigos. Es más, somos capaces de analizarlas en un bar, mientras dan sorbitos al martini de durazno que pagamos, siempre y cuando expliquen con claridad las reglas, pues son nuestro mapa para saber cómo conducirnos, especialmente cuando estamos interesados.

Comprendan que este capítulo no es un permiso especial para que comiencen con una cita tipo: "Yo no puedo"; "no quiero"; "más te vale que jamás", en cuanto un caballero se acerque. A los hombres nos gusta el decoro, aborden la situación con delicadeza, encuentren el modo de decir a un hombre lo que quieren sin que parezca un pliego petitorio. Todo está en la forma, si le dices cuáles son los requerimientos en medio de una conversación, y suenan razonables, y le das forma a tus reglas delicadamente, le será más fácil entenderlas, y lo más importante, actúa de acuerdo con ellas. Imagínate lo loca que te verías si de la nada te le plantas y le dices apuntando con el índice: "¡No toleraré a un hombre que no comprenda mi papel como madre: si tienes algún problema con mis hijos o con mi familia, tienes un problema conmigo!"; será como escuchar a la aguja rayando el disco; si te va bien, pensará que eres una enojona, si te va mal, pensará que estás loca y que quizá tu familia también. Pero imagínate lo placentero que sería si le dices algo agradable como: "¿Sabes? Mis hijos son la prioridad en la vida porque mis padres me criaron de forma que yo entendiera que la familia es lo principal." Así sabrá que eres una chica buena, dulce, responsable y orientada a la familia. Si no es ese hombre, pasará a la mujer que sigue, la que no tiene reglas ni límites, y está disponible para lo que sea. Pero si es un hombre que comparte tu creencia en la importancia de la familia, seguirá hablando contigo y escuchará tus requerimientos.

Aquí presento algunos ejemplos que he dispuesto para mostrar cómo envolver las reglas y adornarlas con un hermoso moño:

En lugar de explicar que "no soportas" cuando un hombre llega tarde, di algo como: "Todo el mundo está súper ocupado estos días, el tiempo es oro, ¿no es cierto? Si hago un esfuerzo especial para llegar puntual a la hora de la cita, o antes, es para tener tiempo de hacer lo planeado; pero si me retraso, acostumbro llamar y avisar por cortesía."

Traducción: El mensaje es que necesitas que el hombre de tu vida sea puntual y que aparezca a la hora pactada, si no puede, deberá ser atento y avisar. Ahora sabe que debe salir antes para recogerte a tiempo y estar seguro de que su celular tiene batería para llamarte y advertirte si tardará.

En lugar de decir: "Si estás saliendo y acostándote con otras mujeres, no supongas que lo voy a aguantar", dile algo como: "Siempre soy sincera con quien salgo; si siento necesidad de salir con otras personas, lo digo de antemano para que él sepa si quiere una relación así, o si desea que salga con él de forma exclusiva."

Traducción: El mensaje es que necesitas que el hombre de tu vida sea honesto y abierto sobre los límites de la relación, si va a jugar, debe advertirte para que decidas, racionalmente, cómo manejarlo. También le has dicho que estás abierta para platicarlo, que ambos pueden decidir la naturaleza de la relación.

En lugar de decir: "Si un hombre no tiene a Dios en su vida y no sabe hacer cosas por Cristo, no es

para mí", expresa: "El domingo es mi día favorito porque voy a la Iglesia y veo a gente que piensa como yo y practica mi fe. Cuando termina el oficio me siento enaltecida, y sé que el resto de mi semana será genial."

Traducción: El mensaje deja claro que eres una mujer religiosa y que toma su fe en serio, has puesto el tema sobre la mesa, de forma que pueda expresar cómo se siente respecto a la religión y a la espiritualidad.

En lugar de decir: "Tengo tres niños y dos trabajos porque el papá no vale un cacahuate. Cualquier hombre que me pretenda debe tener algo en el banco o que se vaya a la calle", podrías decir: "Ser mamá es muy importante para mí, parte de mis deberes es asegurarme de que los niños tendrán un buen padre. Soy independiente, pero reconozco lo genial que sería para mi familia y para mí contar con un hombre bueno."

Traducción: El mensaje aclara que eres capaz de mantener sola a tus niños, aunque reconoces la importancia de añadir un hombre bueno a la receta, algo que hace que un hombre esté dispuesto a comprometerse es saber que será apreciado por ser un buen esposo y padre. Eso es todo lo que necesita, agradecimiento y reconocimiento de vez en cuando.

¿Es claro? La información que nos dan nos permite saber qué anhela la mujer que nos interesa; y más importante, nos han expuesto las reglas de forma sutil y dulce. Es como el jarabe para la tos sabor uva. Sigue siendo medicina, pero es más agradable de tragar.

Ahora, debo añadir que aunque los hombres aprecian que las mujeres les dejen saber de qué van desde el inicio de la relación, creo firmemente que las mujeres, de cuando en cuando, deben dar un paso atrás y dejar que el hombre muestre de qué está hecho —ya saben, probar que vale el tiempo que ocupan en él. Creo, de verdad, que cometen un error grave al decirle a los hombres continuamente qué les gusta para que lo hagan, sin dar la oportunidad de mostrar lo que son capaces de hacer por ustedes. Es decir, qué bueno que les gusten las caminatas en la playa, los chocolates en San Valentín y los alcatraces en verano. Pero, ¿cómo quieren saber qué tan creativo, emocionante o generoso es un hombre si le dan el mapa exacto para hacer surgir una sonrisa en su rostro? Les aseguro que esto pasará: si le dicen a su pareja que aman las rosas rojas, las bolsas Chanel como regalo de cumpleaños y cenar en el restaurante de enfrente, eso tendrán: rosas rojas, bolsas Chanel y cena enfrente. Nada menos, pero nada más. Y van a estar felices, pero sólo al principio. Denle cuarenta y cinco días de lo mismo y lo mismo y lo mismo y lo dejará de hacer, pensará que hizo lo necesario para obtener lo que quería, ustedes pensarán que se detuvo o ha cambiado; sus conversaciones con sus amigas iniciarán con algo como: "No sé qué pasó, antes hacía todo lo que me gustaba."

Él hacía todo lo que te gustaba porque tú le dijiste exactamente qué hacer.

¿Mi filosofía? En lugar de decirle todo lo que te gusta, dile lo que no te gusta y a ver qué hace. Déjale que averigüe, busque, investigue cómo hacerte feliz. Dile: "No creas que me gusta estar sentada en un sillón los fines de semana"; "No me gusta que me traten como si no fuera una dama"; "No me gusta ir siempre al mismo restaurante". Y conforme la relación avance, observa sus acciones, seguro obtendrás una radiografía de su conducta, de lo que está dispuesto a darte por su gusto. ¿Que no te gusta ir siempre a los mismos restaurantes? Más le valdrá descubrir lugares bonitos para llevarte. ¿Que no te gusta quedarte en la casa los fines de semana? Que te lleve a un concierto o al museo, que revise el periódico para ver qué hay, para que planee qué hacer juntos. ¿Que no te gusta la gente que no convive con su familia? Pues llegará con regalos para tus hijos, se ofrecerá a llevarlos al parque, jugar con la pelota o ir a los columpios, y aunque le cause incomodidad, irá contigo a la comida familiar en casa de tu madre, porque sabe que necesitas a un hombre que se integre a tu familia. Obsérvalo, estúdialo: ve si te abre la puerta del coche, si jala la silla para que te sientes, o apaga el celular cuando está contigo. Y si no está a la altura de las circunstancias, si no te muestra qué es lo que está dispuesto a hacer para que sonrías, entonces deberás decidir si es capaz de darte lo que necesitas y quieres.

Claro que antes de decirle a un hombre cuáles son tus requerimientos, necesitas tener claro qué quieres de él, qué es importante para ti. He formulado una lista de requerimientos a considerar para identificar tus diez necesidades esenciales, además te he dejado espacio para que las escribas y las tengas siempre presentes.

1) Responde con precisión: ¿Qué tipo de hombre buscas? Por ejemplo, ¿gracioso? ¿trabajador? ¿generoso?

2) ¿Cómo quieres que te corteje?: ¿Quieres que te llame?, ¿que te mande mensajes de texto?, ¿que salgan tres veces por semana?, ¿que siempre pague las cenas?

3) ¿Qué nivel de compromiso necesitas?, ¿relación abierta o exclusiva? Eso se puede y se debe platicar.

4) ¿Qué tipo de seguridad financiera requieres de él?: ¿Que sea rico?, ¿que gane más que tu? ¿Estarías a gusto con un obrero o alguien que gane poco?

5) ¿Quieres a un hombre que desee tener hijos y formar una familia?

6) ¿Debe ser religioso o espiritual?

7) ¿Te importa si es divorciado o tiene hijos?

8) ¿Puedes ayudarlo a consolidar sus sueños?, ¿puedes integrarte a su plan?

9) ¿Qué esperas de su familia?, por ejemplo, llevarte bien con la suegra, saber si a él le importa, si su padre lo crió o no.

10) ¿Qué está dispuesto a hacer para ganarte?, ¿cortejarte?, ¿darte cosas caras?

CAPÍTULO 10

LAS CINCO PREGUNTAS QUE TODA MUJER DEBE HACER ANTES DE INVOLUCRARSE EMOCIONALMENTE

Cuando llegué a Hollywood, mis ojos, de treinta y ocho años, quedaron redondos como platos por el montón de cosas a las que me enfrenté, cosas nunca antes vistas. Una de las que más llamó mi atención fue el estilo de vida de una celebridad muy famosa, cuyo nombre me reservo. Este sujeto lo tenía todo: dinero, fama y un montón de súper bellezas, tan divinas que harían que Hugh Hefner se rascara la cabeza y se preguntara de dónde sacó este tipo mujeres semejantes. Estaba siempre rodeado de mujeres hermosas, muchas. Me tenía con la boca abierta, no entendía cómo un solo individuo estaba con todas ellas; además no era el más guapo de la farándula: había otros con más dinero, con más fama, y ciertamente, más guapos. Y aun así, era un genio para mantenerlas cerca, sin comprometerse con ninguna. Había escuchado sobre estos súper playboys con supermodelos colgadas del brazo, pero cuando comprobé su existencia no podía creer que las conexiones existiesen, menos entendía por qué permanecían con un hombre que andaba con muchas otras al mismo tiempo.

Necesitaba saber cómo se hacía, no era tanto porque yo quisiera tener a un montón de supermodelos colgadas del brazo, sino porque realmente no entendía el fenómeno; así, un día comencé a charlar con este individuo y con un montón como él, que sostenían este tipo de "relaciones", les pregunté a quemarropa: "¿Cómo hacen para que ellas regresen por más?", todos, hasta el más mujeriego de la pandilla, se rieron, sacudieron la cabeza y dijeron la misma cosa: esas mujeres quieren el dinero, la fama y el estilo de vida, por eso están dispuestas a tolerarlo todo, aún los momentos desagradables. "Pero, ¿ellas se dan cuenta —pregunté ingenuamente— de que estas relaciones no van a ninguna parte?", el más famoso movió la cabeza y dijo: "No saben adónde va la relación porque jamás lo preguntan". Y añadió: "¿Qué es lo que se supone que debo hacer? ¿Decirles que sólo las uso sexualmente y para tener un trofeo colgado del brazo? Ya saben de qué va".

Me quedé con la boca abierta.

Seguí preguntándole lo mismo a otros hombres en la misma situación, y surgió la misma respuesta cada vez. Cuando pregunté qué hubiera hecho cambiar la situación, siempre respondieron casi textualmente: "Si alguna hubiera preguntado cuáles eran mis intenciones desde el inicio, le

hubiera dicho que no ando en busca de una relación seria."
"No indagan —dijeron—, porque intuyen que si lo hacen, voy a apartarme; mejor nos callamos. Es así como se me juntan las mujeres."

Y el sujeto del que les hablé al principio, el maestro de todo esto, manifestó simplemente: "Tengo suficientes mujeres, así que si una empieza con preguntas, ni contesto, pues por cada una que interroga, tengo dos que no averiguan."

Llamen a esta conducta como quieran: está mal, es reprochable, inexcusable, lo que deseen. Pero así son las cosas. Y la forma de pensar de estos sujetos no es exclusiva de las celebridades, créanme. Existe entre hombres comunes y corrientes: doctores y abogados, camioneros y repartidores. Algunos tienen tantas mujeres como mis amigos famosos, y las mujeres con las que juegan son en ocasiones tan bellas como las supermodelos que acompañan a las celebridades. Y, la verdad, no importa si eres una entre tres o entre treinta y tres, de todas formas eres una entre varias. Y aquí entre nos, no es buena idea.

Tu objetivo será, entonces, ser la única.

El primer paso, creo, es superar el miedo de perder a un hombre por confrontarlo. Ya no hay que tener miedo, basta. La gente más exitosa del mundo reconoce que atreverse a correr riesgos para obtener lo que quieren es mucho más productivo que quedarse pasmado sin hacer nada por lograrlo. La misma filosofía se puede aplicar a salir: si poner tus cartas sobre la mesa significa que te arriesgas a que él se marche, es un riesgo que tienes que correr, si no lo superas, el miedo te saboteará siempre. La mayoría permite que el hombre no las respete, le dan oportunidad de andar por ahí y poner el menor esfuerzo en la relación, posponiendo el momento de comprometerse. Y todo porque temen que se vaya y se queden solas nuevamente. Y, ¿los hombres? Lo sabemos y nos aprovechamos. Sépanlo, el juego es viejo y no cambiará jamás. Mis hijos lo jugarán, de la misma forma y por la misma razón: porque podrán, y porque habrá mujeres que se los permitan. La solución es familiarizarse con las reglas y cambiar la estrategia, para que no sean utilizadas.

¿Cómo hacerlo? Comiencen con que el hombre explique qué espera de su vida y de la relación con ustedes. Esto se hace al formular cinco preguntas fundamentales, mismas que las ayudarán a determinar inmediatamente cuáles son los valores de este individuo y si tienen cabida en sus planes.

Llegué a estas preguntas tras años de poner atención en la interacción de hombres y mujeres, de ver hombres jugando con las mujeres y a las mujeres caer redondas, años de preguntarme y cuestionar a mis amigos mujeriegos: "Si fuera mujer, ¿cómo le haría para salir bien librada de esto?" Son preguntas buenísimas, pues las respuestas revelarán todo lo que necesitas saber acerca del hombre que deseas que entre en tu vida. Las respuestas te ayudarán a decidir si te quedas para ver si la relación avanza en la dirección correcta, o si es hora de correr a toda velocidad en la dirección opuesta. Nota: no hay necesidad de retrasar el momento de formularlas, interrógalo lo más rápido que puedas, tan pronto como sientas que te atrae, aunque sea remotamente, el sujeto que acabas de conocer. Si se siente repelido no importa: tienes derecho a saber. Y si no está dispuesto a contestar, bueno, entonces sabes, desde antes del despegue, que no es para ti.

Así que comencemos y recuerden: No hay nada qué temer.

PREGUNTA UNO: ¿CUÁLES SON TUS METAS A CORTO PLAZO?

Si vas a entrar en una relación con un hombre, debes saber cuáles son sus planes y si son congruentes con los elementos que constituyen a un hombre: quién es, qué hace y cuánto gana. Como ya dije, estos elementos son extremadamente importantes para cualquier hombre experimentado y maduro, y tienes el derecho de saber qué hace ahora, y qué planea hacer en los siguientes tres a cinco años para convertirse en quien anhela ser. Sus respuestas te ayudarán a saber si deseas ser parte de ese propósito o no. Y si no tiene proyectos de ningún tipo sabrás que es momento de encender la luz de alarma

Si tiene un plan, perfecto. Actúen como si estuvieran súper interesadas y formulen preguntas de seguimiento: den rienda suelta a las detectives inquisitivas y entusiastas que son. A los hombres les encanta hablar de sí mismos. Hacemos esto porque sabemos que para atraparlas, es necesario impresionarlas. Así que permítannos impresionarlas. Mientras más inquisitivas e interesadas se muestren, más información obtendrán. Digan cosas así: "¿Cómo le hiciste para

149

abrirte camino en ese campo?" o: "Qué interesante, ¿cómo lograste tener éxito en lo que haces?", escuchen las respuestas con atención. Mientras hable, evalúen la situación: averigüen si, de hecho, él trabaja duro para lograr sus metas o si es un soñador perezoso que habla por hablar. Calculen si se ven a sí mismas dentro de los planes a corto plazo; así pueden estimar si quieren ser parte de ello y qué papel desempeñarán en el desarrollo del asunto, o si es hora de retirarse de la ecuación. Por ejemplo, si les dice: "Soy técnico para la compañía de televisión por cable y en las noches estudio para tener mi título de ingeniero y obtener un mejor puesto en la compañía", sabrán que tiene un propósito y que lo está llevando a cabo. Tal vez puedan imaginarse ayudándolo a estudiar, o estar allí cuando se gradúe o darle consejos sobre cómo transformarse de un trabajador técnico que instala el cable al ingeniero que diseña la tecnología de la compañía. El punto es que tiene un proyecto, y que está trabajando para consolidarlo, lo que significa que está esforzándose por ser el hombre que aspira a ser, el tipo de hombre que encaja con la idea que tienen de un compañero bueno y sólido.

Pero si le preguntan cuáles son sus planes a corto plazo y contesta algo como: "Estoy en el negocio del menudeo de drogas, mi ambición es manejar diez cuadras más, distribuir desde la calle Almendros hasta la calle Robles", bueno, en ese preciso instante ya sabes que darás carpetazo y a otra cosa. Lo mismo se aplica a cualquier hombre que tenga un plan a corto plazo pero que no haga nada por afianzarlo. Si, por ejemplo, dice que su sueño es ser un productor, pero no hace nada en ese campo, no hace su servicio social en algo que tenga que ver con la producción, ni trabaja en una película, escribiendo o leyendo libretos, ni hace conexiones con gente del medio que pudiera abrirle alguna puerta, no ha tenido empleo en los últimos cuatro meses y no tiene ni un prospecto, entonces, este hombre no tiene un plan. Y si no tiene plan no hay forma de que logre sus metas a corto plazo, sólo habla como perico. De cualquier manera, no te conviene quedarte a ver qué pasa con él; mejor ocúpate de tu propio plan. Claro que puede ser que de alguna manera logre tener la oportunidad de hacer lo que anhela, pero es una posibilidad remota, así que, ¿por qué tendrían que meterse en ese asunto?

Si tiene el sueño guajiro de que todo le caerá del cielo, más vale darse cuenta y buscar al que está dispuesto a ponerse un traje de astronauta para ir a atrapar sus sueños a la estratósfera.

PREGUNTA DOS: ¿CUÁLES SON TUS PLANES A LARGO PLAZO?

Créanme lo que digo cuando aseguro que cualquier hombre que haya tenido una visión de dónde quiere estar dentro de diez años, ha considerado seriamente qué le hace falta para llegar allí. Significa que es un tipo previsor y que está construyendo los escalones que necesita para alcanzar su futuro. Si dice algo tonto como: "Sólo hago lo necesario para vivir día con día", corran. Si su plan a largo plazo es el mismo que a corto plazo, salgan de ahí. Inmediatamente.

151

Su respuesta revela que no ha ponderado lo que quiere de la vida, y si lo ha hecho, no te quiere en ella porque no comparte detalles de su proyecto. Todo lo que tiene para ti es juego. Y si no tiene un plan, ¿para qué lo quieres contigo?

El hombre con quien considerarías pasar un periodo largo de la vida es aquel que tiene un plan —uno bien trazado— donde te concibas a ti misma. Porque, por favor, créanme cuando afirmo lo que expuse anteriormente: un hombre siempre tiene un plan. Yo lo tuve, seguro, cuando comencé mi carrera de comediante. Supe, aún antes de decir mi primer chiste ante el público, que en los cinco años siguientes el plan sería convertirme en uno de los nombres de la marquesina y ganar por lo menos 2 500 dólares a la semana. Con la vista puesta en ese trofeo, pronto estuve ganando los 2 500, encantado de la vida. Pero aún faltaba la marquesina, subí el listón: ahora quería ganar de 5 000 a 7 500 dólares semanales. Tardé alrededor de ocho años en lograrlo, pero me las arreglé para llegar a mi meta financiera. Feliz de la vida.

Y entonces conocí a Simbad.

En esos tiempos Simbad trabajaba en un club de comedia en Birmingham, era tan famoso que ganaba de 50 000 a 70 000 dólares a la semana, ¡cada siete días! Comprendí que era lo que anhelaba. Su éxito me obligó a darme cuenta de que la comedia tiene su chiste, necesitaba preparar un plan a largo plazo para tener la vida que un comediante puede pagar. Quise entrar en la *televisión* para dar a mi familia un estilo de vida que los enorgulleciera. Recreé mi vida de esa forma y preparé un plan para lograrlo. Sabía que no sería fácil, que me tomaría tiempo, hay pocos clubes de comedia donde sea posible ganar esa cantidad de dinero, es necesario conocer y tratar a la gente que tiene las conexiones, así como un buen equipo que te ayude a llegar ahí. Lo importante era que tenía un plan a largo plazo, con la ruta trazada para llegar a la meta. Más temprano que tarde, lo logré.

Una vez que obtengas las respuestas a las preguntas uno y dos, tendrás un panorama abierto para tratar con el sujeto. No te ates, ni ates tu vida a un ser humano que no tiene planes, porque descubrirás que si no va a ninguna parte, tarde o temprano, tú tampoco lo harás.

PREGUNTA TRES: ¿QUÉ OPINAS SOBRE LAS RELACIONES?

Veamos. Esta es un pregunta con diversas caras que mide cómo el hombre se siente con relación a una amplia gama de relaciones: cómo piensa acerca de sus padres y sus hijos, su relación con Dios. Cada respuesta revelará mucho sobre él: si es capaz de comprometerse, la clase de hogar en el que fue educado, qué clase de esposo y padre puede ser, si conoce a Dios, todo eso. La forma más fácil de enterarte es preguntar. Hazlo antes de que se besen, es más, hazlo antes de salir —por teléfono estaría muy bien, seguro. Y no te pongas tímida ni nerviosa a la hora de preguntar, porque, ¿qué haces con un hombre, si no es hablar con él para saber quién es? Si tiene algún problema en contestar estas cosas, algo anda mal. Corre.

Primero, averigua qué piensa de la familia. ¿Cuáles son su ideas acerca de esto? ¿Quiere tener familia? ¿Quiere tener hijos? Si tienes niños, dile a tu hombre sobre él o ella, tiene derecho a saber, pero aún más importante, tienes derecho a enterarte si se puede ver a sí mismo como padre. Si no quiere tener hijo y tú ya tienes, detén las cosas en ese instante. Entérate de que si un hombre no quiere tener hijos, es muy difícil que cambie de opinión, aunque sus sentimientos por ti sean muy fuertes. Además, si no quiere hijos, y tú ya tienes unos, ¿adónde irá la relación?

Luego, pregúntale sobre su relación con su madre. Esta es la primera relación de un hombre con una mujer, y si tuvo una buena experiencia con ella, hay posibilidades de que sepa cómo tratar a una mujer con respeto y tiene, aunque sea, una vaga idea de cómo profesar, proveer y proteger, no sólo a una mujer, sino a una familia potencial. No conozco un solo niño que no ame a su madre. Aprendemos a protegerla y procurarla, aprendemos el amor básico a las mujeres por ella. De hecho, si un hombre siempre discute con su madre, no dudes que el patrón se repita contigo. Si escuchas algo como: "Uy, mi madre y yo… no nos llevamos para nada", borra su número, sus mensajes de texto y ve al siguiente..

Después de saber cómo se lleva con su madre, pregúntale acerca de su padre. Si tuvo una relación genial con él, lo más seguro es que haya sido criado con un núcleo de valores que llevará al hogar que potencialmente pueden formar. Ahora, entiendo que hay muchísimos hombres que crecieron sin padres en casa, pero lo más probable es que el hombre que te interesa haya tenido, por lo menos, un modelo masculino que le enseñó los primeros pasos de la hombría. O quizá la ausencia de su progenitor le enseñó ciertas cosas que no querrá repetir cuando se convierta, a su vez, en padre. De cualquier manera, pregúntale acerca de esa relación y sus respuestas te descubrirán qué tipo de papá puede ser.

Además, indagarás sobre su relación con Dios. Iré al grano: si conoces a un hombre que no tiene una relación con Dios, no va a misa, no tiene intención de ir y tampoco tiene el apoyo de un sistema de creencias que lo guíen, hay un problema. Después de todo, ¿cuál sería su barómetro moral si no cree en Dios? ¿Qué lo obligará a serte leal? ¿Qué lo impulsará a ser bueno contigo y los niños? ¿Qué lo hará sentir completo? No quiero decir que no puedes salir con un tipo sólo porque no va a misa, o que tiene un sistema de creencias diferente del tuyo; pero si sus núcleos de creencias no son compatibles quizá tengas problemas.

Las preguntas que siguen pueden hacerse tras un tiempo saliendo. Lo ideal sería que las formularas antes de tener relaciones sexuales, aunque si ya tuviste un encuentro muy íntimo con él, haz las preguntas de todas formas. Las respuestas pueden doler un poquito más pero, por lo menos, sabrás a qué atenerte.

PREGUNTA CUATRO: ¿QUÉ PIENSAS DE MÍ?

Esta pregunta sólo puede hacerse después de algunas citas, para contestarla debe saber de ti. Su respuesta es fundamental porque te revelará los planes que tiene para ti. Si ya han tenido un par de citas y han hablado mucho, conoces cosas de él, pero quieres saber qué piensa de ti. Tienes derecho a ello, cuando te conoció pensó *algo* sobre ti y es importante que sepas qué fue. Lo atrajo algo: el cabello, los ojos, las piernas, la ropa. No se te acercó por nada; poco después de la primera impresión los hombres saben si eres el tipo de mujer con quien se van a acostar y seguir su camino, o con quien les gustaría tener algo más. Sus respuestas te lo dirán.

Escucha la respuesta atentamente, puedo asegurarte que dirá algo como: "Creo que eres genial, que serás una madre increíble, me pareces divertida, bondadosa, bella, me prendes, tienes mucha energía, decidida, trabajadora, súper inteligente. Creo que eres el tipo de mujer con el que podría quedarme." Pues con todo, esta respuesta no es la que buscas, recuerda, quieres saber qué piensa de ti más allá de la superficie. Haz seguimiento: "¿Piensas que soy bondadosa? ¿Qué es lo que te hace creerlo?" Siéntate y escucha la respuesta. Si no te puede dar un ejemplo concreto de tu bondad, habla por hablar, si en cambio contesta: "¿Te acuerdas ese día que era el cumpleaños de mi mamá y me llamaste para recordarme que comprara una tarjeta para ella? Eso fue muy considerado." Si te dice que eres una súper mamá, haz que explique por qué lo piensa. Repite el procedimiento con todas las características que te atribuya. Qué tan específico logre ser, te dará una idea sobre lo que pretende en cuanto a la relación. Si puede ser específico significa que ha estado observando y sumando, está calculando si puede comprometerse contigo en una relación. Y eso significa que, por lo menos, están en la misma sintonía.

PREGUNTA NÚMERO CINCO: ¿QUÉ SIENTES POR MÍ?

Esta pregunta no debe ser mezclada ni confundida con qué "piensas" de mí. "Pensar" y "sentir" son cosas completamente distintas. Si un hombre no puede decirte qué siente por ti después de un mes, es porque no siente nada. Pregúntale a un hombre qué siente por ti y si se pone tenso y nervioso: "Ya te lo había dicho... Creo que eres..." corta por lo sano y di: "No, quiero saber qué *sientes* por mí." A lo mejor se reacomoda en la silla, se rasca la cabeza, enciende un puro, lo que sea con tal de salir de la situación y no decir nada, pero debes lograr que te conteste.

No te disgustes si no te replica inmediatamente; tiene que meterse en una parte de sí mismo a la que no le gusta ir, la emotiva, la emocional. Los hombres no somos buenos para las emociones, para nada, y la expresión de afectividad no se nos da. Te podrá responder sobre Dios, los hijos y su madre, pero con esta interpelación lo estás obligando a ver dentro de sí mismo, y el ADN masculino no está hecho para derramarse en efusiones sobre nada. Esto no significa que debes dejarlo por la paz. Lo que buscas es una contestación similar a: "Cuando no te veo, extraño platicar contigo, y me pregunto cómo estás. Cuando llegas me siento mejor, eres el tipo de mujer que he estado buscando." En otras palabras: su respuesta te tiene que hacer sentir de maravilla. Quizá aún no esté enamorado, pero está loco por ti y a lo

157

mejor está en busca de formas de explorar la relación para que se convierta en un compromiso a largo plazo, en cuanto comience a declarar, se coloca en la posición de proteger y proveer, visualiza un futuro compartido, y este es el lugar donde quieres estar.

"Creo que eres muy agradable", no es suficiente, si le preguntaste y él exploró dentro de sí, y notaste que sus sentimientos por ti no son profundos, que no está allí para ti, tú tampoco debes permanecer. Presiona el freno hasta que escuches y sientas la cosas que son importantes que diga y sienta el hombre con quien deseas forjar una relación.

Los hombres estamos conscientes de que tenemos que responder estas preguntas. Los hombres de verdad están dispuestos a hacerlo. Esto no significa que te gustarán las respuestas, así que debes prepararte. Si se niega, no malgastes tu energía con él. No creas que lograrás que cambie las respuestas, que le darás tiempo para que se sienta mejor contigo, no tienes con qué hacerlo cambiar, sólo fe ciega. Antes de lo que imaginas comprenderás, de la forma más dura, que no era el hombre para ti, y todas las conversaciones con tus amigas empezarán así: "Me acosté con él pero no pasa nada. No sé, ni siquiera, si le caen bien mis hijos..." No dejes que suceda. Empodérate. Es tu derecho conocer las respuestas a las preguntas desde el principio: según mi norma de los noventa días, la cual explicaré en el capítulo que sigue, debes saber la respuesta en los primeros noventa días de cortejo.

Si estás en una relación, es válido elaborar las preguntas si aún no conoces las respuestas. Las puedes hacer para aclarar las cosas. O con el deseo de confirmar lo que ya sabes: o que tienes que salir por piernas, o que vas en la dirección correcta. Sus respuestas te pueden ayudar a cortar por lo sano, antes de que inviertas más años en una relación que no irá por donde necesitas que vaya. O te pueden hacer decir: "¡Guau! Qué suerte que estoy con este hombre!"

Sepan también, que aunque contestemos las preguntas porque nos encanta hablar de nosotros mismos, nuestras respuestas pueden colocar a la mujer que nos hizo las preguntas bajo una luz distinta. Definitivamente queremos saber qué es lo que nuestras mujeres piensan sobre estos asuntos, pero no sacaremos el tema, especialmente si nuestras intenciones no son puras. Pero en estas conversaciones el hombre puede aprender cosas sobre ti que le hagan entender que tiene a una mujer sólida a su lado. Digamos, por ejemplo, que te dice que quiere ser ingeniero y que irá a la escuela nocturna para obtener su título, entonces le comentas que tienes algunos amigos ingenieros que le presentarás para que le den consejos útiles para que avance en su carrera. Cuando ofrezcas esa ayuda, pensará: "Guau, esta mujer está interesada en mis metas y mis ambiciones. Me ofrece su ayuda. A lo mejor es 'la indicada', la que me puede ayudar a ir al siguiente nivel en la vida." Y puede que se lo imagine contigo.

¿Ves? Estás recibiendo toda esta información de su parte, y acomodándote en los nichos: ¿te imaginas en sus planes a corto plazo?, ¿cómo parte de su familia, teniendo hijos con él, ayudándolo a que continúe con una relación sólida con su madre, siendo un papá modelo para tus hijos?, ¿logras ver todo el cuadro? Sólo que es un arma de dos filos: el hombre a quien interrogas nota que son preguntas inteligentes e inquisitivas, y calcula si eres un premio que atesorará toda la vida, o un pez que hay que devolver al mar.

CAPÍTULO 11

LA REGLA DE LOS NOVENTA DÍAS: GÁNATE EL RESPETO QUE TE MERECES

Mil novecientos setenta y siete. Fue un buen año. Vivía en Cleveland, tenía un departamento con dos recámaras, rechinando de nuevo. No tenía el coche que anhelaba, pero trabajaba en ello. Tenía un empleo en la planta de coches Ford. Tenía un salario por hora bastante alto y pagaban horas extra, más dinero que el que un hombre de mi extracción podía imaginar. Pero aún más importante, Ford tenía prestaciones. Lo malo es que para disfrutarlas necesitabas cierta antigüedad, tenía el cheque quincenal, pero no las prestaciones; no estaba *dentro* hasta que no me hiciera merecedor de ellas. La política de la empresa dictaba que debía trabajar al menos noventa días antes de obtener el seguro médico; era como si la gerencia de la planta me dijera: "Te daremos las prestaciones después de que hayas probado que te las mereces. Trabaja duro, sé puntual, obedece las órdenes del supervisor y llévate bien con tus compañeros por noventa días, entonces serás merecedor de cobertura médica y seguro dental. También te pueden revisar los ojos, no hay problema. Si se te revienta una hernia, nos encargaremos de ti. Nos haremos cargo de los dientes y los ojos de tus hijos, y si tienes esposa y necesita coronas y anteojos también nos ocuparemos. Toda tu familia estará cubierta. Te daremos un paquete de beneficios y prestaciones."

Y, ¿saben qué?, las medidas me parecían de lo más sensato. Se me instaba a demostrar a todos en la planta que era una persona seria, lista y dispuesta a trabajar duro por el salario y el derecho al seguro médico y dental; como hombre, necesitaba probar que estaba a la altura del reto y que me merecía las recompensas. Estaba cien por ciento de acuerdo con los argumentos de Ford, por eso firmé sobre la línea punteada. Quería ser parte de la familia Ford.

La primera vez que me pagaron, el supervisor me dijo: "Aquí está tu cheque, gracias por venir." El cheque estuvo genial, pero aún me faltaba un rato para hacer una cita en el consultorio médico. Si de pronto me dolía un diente —caray, si mis dos dientes de adelante se me aflojaban hasta el punto de caérseme de la boca— no tendría derecho a hacer una cita con el dentista, por noventa días, porque Ford había decretado que tenía que probarme a mí mismo frente a la gente que firmaba los cheques de forma que me dejaran acceder a los extras: los incentivos.

Era, en realidad, una ecuación simple: trabaja duro, prueba que eres digno de confianza, consigue las prestaciones.

Y, ¿saben qué? Sucede igual en otros trabajos, empleos en el gobierno, correo, tránsito y hasta en algunas corporaciones. Necesitas probar que vales antes de acceder a las cerezas del pastel: las prestaciones.

Así que si ni Ford, ni el gobierno le dan a un hombre las prestaciones antes de que se pruebe a sí mismo, ¿por qué ustedes le dan prestaciones a los hombres antes de noventa días? No finjan, saben a qué me refiero. No estoy hablando de ser linda con él, de cocinarle, salir a cenar, ayudarlo a escoger un traje o presentarlo con sus padres, esas son cosas que suceden cuando una relación inicia, ustedes hacen cosas especiales por él, porque les importa. Pero por prestaciones, en caso de que realmente no comprendan, me refiero al sexo. Y si están dando las prestaciones a un tipo que lleva trabajando una o dos semanas, cometen un error muy grave.

Ustedes no lo conocen.

Él tampoco las conoce.

No se ha probado a sí mismo.

Podría dejar el trabajo en cualquier momento.

Y ustedes no podrían echarle la culpa a nadie, sólo a ustedes mismas.

Piénsenlo: el primer hombre con el que se acostaron antes de noventa días: ¿dónde está? Puedo apostar que lejos de ustedes. Es verdad que por ahí existen parejas que tuvieron relaciones sexuales al inicio de la relación y que permanecen, pero no es lo común. Lo más seguro es que un hombre que consigue las prestaciones antes del periodo de prueba, deja el puesto y se va. Y muchas veces termina en una relación comprometida con una mujer que impone un periodo de prueba para conocerlo mejor. Estoy seguro que ella definió las reglas del juego —los requerimientos— al principio y le dejó saber que, o las cumplía, o se iba a otra parte.

Una señal como ésa le dice a un hombre que no eres un juguete, alguien a quien se puede usar y descartar. Le indica que lo que tienes, las prestaciones, son especiales, y que necesitas tiempo para conocerlo y decidir si las *merece*. Aquel que esté dispuesto a poner tiempo y esfuerzo para cumplir las reglas, es a quien quieres cerca de ti, porque ese hombre toma una decisión consciente; él tampoco está interesado en juegos y hará lo que sea necesario, no sólo para quedarse con el puesto, sino para ser ascendido y convertirse en el orgulloso beneficiario de las prestaciones. Y ustedes, mientras, ganarán el premio mayor: mantener la dignidad y la autoestima, y ganarse el respeto de un hombre que supo reconocer que valía la pena esperar.

Por supuesto que deben usar sus noventa días de forma sabia. Un periodo de prueba no sirve si no exiges que el sujeto pase algunos exámenes. Durante ese tiempo debes de analizarlo, ¿Llega cuando dice que lo hará? ¿Llama al retrasarse? ¿Le caen bien tus amigos? ¿Le simpatizan tus niños? ¿Cómo expresa su alegría cuando estás presente? Y lo más importante: ¿Es con quien puedes visualizarte en una relación comprometida? ¿Hay señales que hacen que tu intuición y alarma se enciendan? Ya sabes: no te ha invitado a su casa; no te ha dado el número de teléfono de su casa y sólo tienes el del celular; no contesta cuando estás en el cuarto o contesta y habla en voz baja en un rincón oscurito, para que no sepas quién lo busca. Eso sólo evidencia que sale con otras mujeres, pero eso lo puedes saber si pones a prueba al tipo por noventa días, el hombre con quien sales mostrará, al inicio, una fachada maravillosa y se portará de lo mejor para ver si obtiene los beneficios, pero con el pasar de los días su verdadero yo saldrá a la superficie.

Dale tres meses y descubrirás mucho sobre él, hasta que sepas si es quien te conviene. Después de todo estás en tu derecho de obtener lo que ansías, de conseguir lo que necesitas. Eres la prioridad, elabora las preguntas del capítulo anterior, y no le des las prestaciones, exige respeto. Si tienes un alto nivel de respeto por ti misma, automáticamente exigirás que él te respete también. Oblígalo a ganarse las prestaciones y te garantizo que tendrás a un mejor hombre en tu vida y tu cama. Cuando estés segura de que se las merece, dáselas a manos llenas, como sándwiches en un día de campo.

Un momento. Ya sé lo que estás pensando: crees que si no obtiene el sexo que necesita, se irá a conseguirlo a otra parte y perderás la oportunidad de ser su mujer, o quizá él se imagina que estás jugando con él al hacerlo esperar y se irá con la próxima mujer que pase y esté dispuesta a compartir su cama.

Mentira.

De hecho, esta es una de las trampas mentales que los hombres hemos tendido a las mujeres desde tiempo inmemorial, para convencerlas de que no hay que esperar, que dar los beneficios como si fueran los buenos días es la manera de hacer bien las cosas. Y oigan lo que les digo: si hubiera manera de convencer a las mujeres de que se desnudasen y se acostaran con nosotros a los cinco minutos de conocernos, lo haríamos. No es ningún secreto: a los hombres nos encanta el sexo, y haremos cualquier cosa, más o menos razonable, para conseguirlo.

Pero adivinen qué, él puede esperar. Sí, claro que corren el riesgo de espantarlo y de que el tipo salga corriendo pero, ¿no quieres que salga corriendo el sujeto que sólo busca sexo sin responsabilidad ni consideración por tu bienestar emocional? ¿Acaso resguardar algo tan importante para alguien que de verdad se lo merezca no es importante para ti? Tienes el poder de hacerlo esperar y debe demostrar que se merece tu amor y afecto. El Poder. Piénsalo así: cuando se trata de tener sexo con una mujer, los hombres no decidimos nada. No determinamos cuándo meterlas a la cama, esa es su decisión. Cuándo nos besaremos es su elección, ¿cuándo nos daremos el primer abrazo? Esa decisión también es suya. Si ponemos las manos en cualquier otro lugar de sus cuerpos más allá del hombro, deciden si nos dejan o si debemos quitar la mano; nuestra labor es persuadirlas de tocar, y poseer. Pero la decisión es suya.

No renuncien a ese poder. Manténganlo. Sólo cedan con el hombre que se lo ha ganado, seguro que él las respetará y hará algo digno con ustedes.

Esa es la verdad.

Las mujeres han derribado imperios con ese poder. Cleopatra ayudó a destruir Roma. Lee la Biblia: todavía estamos metidos en un embrollo por culpa de Eva. Las mujeres siempre lo han poseído, no eres la excepción, y eso implica que el hombre con quien sales debe esperar para obtener las prestaciones. No digo que no le pagues con besos y abrazos, conversaciones telefónicas, caminatas por el parque, compartir un helado o cenar. Tu tiempo es una forma de pago. Cuando salimos con ustedes, no pueden imaginar la emoción que sentimos al imaginarlas con los labios pintados, los ojos maquillados, el pelo arreglado, y el cuerpo radiante. No se imaginan la dicha, la satisfacción de saber que somos merecedores de su tiempo. Y, ¿ser vistos en público con ustedes? Bueno, es toda la garantía que necesitamos. El salario es increíble.

¿Abrazos? Salario.

¿Besos? Salario.

¿Que se arreglen para vernos? Salario.

¿Salir con nosotros? Salario.

¿Intercambiar correos electrónicos picantes? Salario.

Pero, ¿si quiere sexo contigo tener bebés y hacer una familia? Prestaciones.

Así que fija un periodo de prueba de noventa días en los que puedes ver qué trae entre manos. Todas las mujeres son detectives, nadie puede investigar cosas como ustedes, todas, cuando quieren, dejan chiquita a la policía: hacen que los programas policiacos *CSI* o *La ley y el orden* parezcan *Plaza Sésamo*.

Saben averiguar cosas de un hombre que ni él mismo conoce. Aplíquense, inventen escenarios donde puedan indagar si el sujeto es quien dice ser, y si es digno de las prestaciones. Incluyo algunos ejemplos que tal vez quieran usar:

169

¿CÓMO REACCIONA CUANDO LE DICES QUE TIENES UN PROBLEMA?

Tal vez tu auto se descompuso o el calentador de agua está a punto de soltar la toalla, o tus hijos se portan mal y no sabes cómo controlarlos, estás presionada y se te nota, él lo identifica hasta en tu voz. Si te pregunta: "¿Pasa algo?" es un buen comienzo. Significa que en este tiempo ha observado quién eres y sabe que algo sucede. Eso es un avance. Pero si le contestas: "Mi coche se descompuso y no tengo dinero para componerlo, por eso estoy un poco preocupada. No sé cómo me voy a ir al trabajo mañana", y él responde: "Bueno, me cuentas cómo te fue", lo puedes borrar de la lista de candidatos. Tengamos claridad acerca de una cosa: no le estás pidiendo dinero para el coche. Lo que estás haciendo es ver si está dispuesto a pensar y encontrar el modo de ayudarte, ya sea aconsejándote para arreglar el problema o tratar de solucionarlo. ¿Te ofreció salir una hora antes de su casa para pasar por ti y llevarte? ¿Te dijo que pasaría a echarle un ojo al coche para ver si podía componerlo? ¿Te dio el número de teléfono de un mecánico, amigo suyo, que puede repararlo y darte un descuento?

Los hombres de verdad se esfuerzan por las mujeres que les importan. Si tienes un problema y tu hombre no se ofrece a hacer nada por ti, no se aplica a resolverlo, no es candidato para las prestaciones.

Ahora, ¿el hombre que, con su caja de herramientas en la mano es capaz de meterse debajo del coche y salir horas después con la camisa, las manos y la cara manchadas de grasa por componer tu carcacha? Ese se merece una cerveza helada y tal vez, después, unas buenas prestaciones.

¿CÓMO REACCIONA CUANDO HAY PRESIÓN?

Digamos que un ex que te comienza a llamar te hace sentir incómoda porque la ruptura fue horrible y sólo quieres que quede en el pasado; le dices al prospecto que no sabes cómo hacer para que el ex desaparezca del mapa. Un buen candidato a las prestaciones se pondrá inmediatamente en el plan de componer las cosas: a ver cómo le hace para que el tipo a) deje de llamar; y b) hacer que te sientas segura. Quizá te dice: "La próxima vez que llame, me dejas platicar con él." Tal vez te parezca extremo, pero hay quienes se pondrían al teléfono para explicarle al ex que tiene que recordar su lugar en tu vida. O quizá te diga cómo ahorrarte llamadas indeseables: aconsejará que bloquees su número o que le pongas un tono que te permita identificarlo, o sugerirá qué decir para que te deje en paz. Esta es una circunstancia con presión, no requiere una acción, sino una reacción. Si tu nuevo galán dice: "No me puedo meter en esto", no es un buen candidato para las prestaciones. En la relación las situaciones difíciles se darán una y otra vez, y debes saber desde el comienzo si el sujeto es capaz de afrontarlas. Si se pone en el plan de protegerte o de arreglarlo, te visualiza como su mujer, y tal vez sea digno de las prestaciones.

¿CÓMO REACCIONA ANTE LAS MALAS NOTICIAS?

Digamos que pierdes a alguien querido, alguien de verdad cercano, el hombre que tiene planes serios para ti querrá apoyarte y darte tiempo para llorar y transitar el luto. Tal vez te ofrezca sacar un rato a los niños, y dejarte tiempo, o te pregunte si puede acompañarte a la funeraria para darle el pésame a la familia. Tomen nota mujeres, quizá no se quede en la funeraria sentado escuchando cómo hacen memoria y le cuentan cómo fue la primera vez que ese ser amado las empujó en los columpios: eso no pasará, no es lo que los hombres hacen. Pero un hombre de verdad ofrecerá apoyo: verá cómo le hace para que no llores porque a ningún hombre le gusta ver llorar a su mujer. Si no brinda consuelo, si no se le ocurren soluciones para que estés mejor, despídelo. No tiene derecho a las prestaciones.

Un candidato a las prestaciones estará allí no importa qué tan malas sean las circunstancias. Si pierden el trabajo o se atrasan en pagos por alguna catástrofe financiera, reconocerá que debe brindar su ayuda y se pondrá a la altura de las circunstancias, ya sea dándoles el mínimo en efectivo para pagar las cuentas, llevando a casa la despensa, o llenando el tanque de gasolina.

¿CÓMO REACCIONA ANTE LA PALABRA "NO"?

Lleguemos al meollo de este capítulo: cuando un hombre pide tener sexo y se le dice que no, su reacción dirá todo lo que debes saber sobre él. Si las llamadas telefónicas se acaban o disminuyen, si ya no manda flores y las salidas escasean, comprende que este hombre sólo busca sexo. Si dice algo estúpido como: "No tengo que esperar para tener sexo, me puedo acostar con cualquiera", responde: "Por favor, hazlo." Esto separa el grano de la paja en un segundo. Pero si cuando le dices que no, él persevera e intenta conocerte mejor y probar que merece las prestaciones, entonces, de verdad le interesas. No me malinterpretes: seguro quiere sexo, pero también conocerte mejor, saber qué sientes, y cuál es el ritmo de la relación. Y la relación se va a tratar de lo que tú quieres y necesitas. Y, de eso se trata, ¿no?

Así de simple.

Sé que noventa días suenan como un montón de tiempo y que deberán ser creativas para mantener su atención sobre ustedes y la relación. Así que se me ocurrió hacer una lista de las cosas que pueden hacer para que el hombre mantenga su interés y concentración:

1) Hagan cosas relacionadas con los intereses de ambos. Si le gusta la fotografía vayan a una exposición, a un museo, si te gusta cocinar, tomen clases de cocina juntos.

2) Organiza un asado en tu casa e invítalo a conocer a tu familia y amigos; un buen hombre debe sentirse a gusto entre la gente que amas.

3) Vayan juntos a una celebración, civil o religiosa, descubre si le interesa.

4) Inscríbanse a una clase de sexy baile latino y aprendan pasos nuevos. Eso te enseñará si está dispuesto a innovar y si tiene, digamos, ritmo.

5) Vayan a un día de campo con los niños, observa si está a gusto con ellos.

6) Asistan a conciertos de sus cantantes favoritos.

7) Liberen a su niño interno y pasen la tarde con videojuegos.

8) Tengan "primeras experiencias": montar a caballo, práctica de bateo, o compartan caídas en la pista de hielo.

9) Hagan trabajo voluntario. Ayuden en un albergue local o lean en el orfanato; puedes averiguar mucho sobre un hombre que está dispuesto a ayudar a los demás.

10) Renten un convertible y piérdanse paseando por la ciudad. Tendrán mucho tiempo para hablar.

11) Busquen un lugar silencioso para ver el atardecer.

12) Practiquen juegos de mesa.

13) Den caminatas bajo el cielo estrellado.

14) Envíense correos electrónicos picantes, para que sepa que cuando reciba las prestaciones será un gran momento; de paso, checa su ortografía.

15) Léanse pasajes de sus libros favoritos.

16) Hagan "la noche del cine", compartan sus películas favoritas.

17) Vayan a una tienda de discos y escuchen al artista favorito del otro.

18) Desafíen al otro a hacer algo bobo, como construir un castillo de arena en la playa o a jugar palillos chinos.

19) Vayan a una función de comedia: pueden aprender mucho del otro viendo qué le hace reír y qué le parece de mal gusto.

Capítulo 12

Si LE PRESENTAS A LOS NIÑOS DESPUÉS DE DECIDIR QUE ES "EL INDICADO", SERÁ DEMASIADO TARDE

Aclaremos algo, cuando un hombre te ve llegar, para él no hay nada más que lo que tiene enfrente: como te quedan los jeans, la forma de tus piernas sobre los tacones, como se te ven los labios con el brillo, qué lindos ojos con esos colores alrededor. No nos interesa si usas M.A.C. o Bobbi Brown, Maybelline o L'Oréal. No nos importa dónde vives, con quién andabas, qué coche manejas, cuánto ganas y ni siquiera con quién te lo gastas. Y especialmente no nos detenemos a considerar si tienes hijos y lo que eso puede significar en una relación. De hecho, estamos listos para jugar y si ganamos el partido no llegaremos a la parte en la que aparecen los hijos; calculamos que saldremos a cenar un par de veces, quizá una función de cine o un boliche y de allí, a una habitación con colchón y cabecera, si todo va bien, quizá unas semanas si te haces la interesante.

¿Niños? Por favor. Hay hombres a los que los niños les importan un rábano. Quién sabe, pero puede ser que el sujeto al que quieres enamorar esté tan interesado en tu vida como madre, como en el color de barniz de uñas que elegirás en tu próximo pedicure. De hecho, si anda tras una sola cosa —es un Casanova al que sólo le importa tener sexo—, el plan es *no conocer a los niños*. Y una vez que haya obtenido lo que desea, sabrá cómo zafarse para seguir de frente y buscar a otra.

Lo más seguro es que, en la tradición establecida por las madres solteras, saldrás con el hombre y lo mantendrás lo más alejado posible de tu vida en casa, eso mientras clarificas el rumbo de la relación y la dirección en la que se moverá, y porque no le presentarás ningún hombre a tus hijos hasta que estés cien por ciento segura de que está comprometido. Una vez convencida de que hay potencial para el compromiso, lo invitas a la casa a conocer a los niños.

Alto ahí.

Aquí es donde afirmo que es una pésima decisión, que hacen todo al revés. No pueden conectarse emocionalmente y aun más, comprometerse verbal o físicamente con el individuo y arrastrarlo a casa para enterarte de que no le caen bien los niños, o que a los niños no les simpatiza. Ya fueron y pusieron a este pobre emocionado, rojo y atarantado, pensando que son seductoras sexuales, divertidas y salvajes, dispuestas y capaces de colgarse de las lámparas, ¿y en cuanto entran a la sala de sus casas se tropiezan con

178

un camión de plástico o pisan una crayola y manchan la alfombra, mientras los niños gritan pidiendo papas fritas, llorando a gritos y diciendo que es hora de cambiarle los pañales al bebé? Esta no es una buena situación, mujeres. No es una buena situación en lo absoluto. De hecho, esa presentación es tardía.

El hombre debe juzgar desde el principio de qué se hará cargo. Si te ve en el papel de madre, calculará si es posible verse a sí mismo en el de padre. Evaluará si es capaz de mantener a esos niños, si aguantará el drama que viene con un papá merodeando en el fondo de la escena, si superará la animadversión que le caerá encima cuando los niños entiendan su lugar en tu vida, y finalmente, si está dispuesto a ser el plato de segunda mesa en cuanto a los niños se refiere, pues las necesidades de tus hijos estarán por encima de las suyas. Todo esto y más debe ser calculado, y si retienes información que necesita para evaluar su vida potencial, y se la sueltas cuando no se la espera, no lo recibirá con buena cara, es la verdad. De hecho, sentirá que le tomaron el pelo, que lo engañaron porque pensó que tenía una mujer, cuando en realidad está involucrado con alguien que cuenta con un dispositivo distinto de obligaciones, responsabilidades y posibles requerimientos. Nota: decirle que tienes hijos no es suficiente.

Además, mientras más te tardes en presentarle a los niños, más creerá que ocultas algo, que escondes a los niños por alguna razón. Y eso sólo le hará sentir mayor aprensión acerca de ese contacto inicial: en su cabeza, elevaste la reunión a la altura de una cumbre del G8, y pensará que es mucho más ardua de lo que será. Por Dios santo, sólo conocerá a los niños, no se sentará a discutir problemas de Estado en la Casa Blanca.

Así que para evitarlo, debes presentarle a los niños al principio de forma natural, casual, eso los preparará para formar una conexión más sana. Él ya debe saber lo que es estar sentado en la sala con los chicos o en el parque o la heladería antes de que a ti las emociones te lleven más allá de la atracción. Si estás comenzando a preguntarte si este tipo te conviene, igual deberías saber si le conviene a los chicos. Deja que los conozca, a ti y a ellos, en su forma natural, en tu papel de madre y ellos en su papel de hijos. Que te vea darle avena a la que apenas gatea y haciéndole las trenzas a la de siete, y doblando la ropa del niño de diez o echándole porras al de quince durante un partido de futbol. Él observará todas estas cosas y tratará de precisar qué tipo de madre eres, y si a él le gustaría que fueras la madre de sus hijos. Esto, señoras, es fundamental, los hombres nos damos cuenta de que algunas mujeres, simplemente, no están hechas para ser madres. No hay un gen maternal que haga funcionar a las mujeres como madres, sólo por el hecho de que físicamente cuentan con el equipo para embarazarse y parir. Sucede del mismo modo en que hay mujeres que no pueden manejar, están negadas a las matemáticas, son calamitosas en la cocina, por ejemplo. Un hombre siempre querrá comprobar que la madre potencial de sus hijos tiene, al menos, las herramientas básicas para serlo, pretende ver si es capaz de ser bondadosa, compasiva, creativa y rigurosa. Quiere ver si puedes manejar las cosas sin enloquecer, si hay algo que los hombres sabemos es que matrimonio y familia equivalen a estrés. Se propone comprobar si puedes hacer la cena mientras apoyas a uno con la tarea, atiendes al de allá que estuvo con influenza en la semana, explicándole al de aquí cómo entrar en internet, regañas al otro y bloqueas las páginas electrónicas inapropiadas al de más acá, todo sin estrangular a nadie.

Todavía más importante, debes presentarle los niños al hombre que te interesa para que lo conozcas en un papel paternal. Llévalo a tu casa, preséntalo con el pequeño Taylor y la nena Brianna, siéntate y observa; ahí verás su más pura y verdadera reacción. Si realmente sabe algo de niños y si le gustan, será capaz de comenzar y sostener una conversación con una persona de seis años; la prueba más rigurosa para las habilidades comunicativas de un adulto es hablar con los niños, mantenerlos interesados y lograr una respuesta. Si se congela como si lo interrogara un juez, y no se le ocurre qué preguntar o decir, su reacción, intensa, es signo de que no es muy hábil para ello. De igual forma, si no tiene defensas contra los malvados niñitos a quienes no gobierna más que su propia madre, ese es otro problema. Un hombre que no puede manejarse en esas situaciones, que no puede usar el humor, la tolerancia o cuadrar los hombros y encargarse de la situación para defenderse de los intentos de los niños por lastimarlo o herirlo, también tiene sus inconvenientes. Después de todo, tú deseas que el hombre de tu vida sea un hombre hecho y derecho ante los niños, alguien capaz de enfrentarlos cuando se ponen tontos y deben ser corregidos; los niños, después de todo, respetan la autoridad.

181

Todo esto te revelará montones de cosas sobre el sujeto: acerca del tipo de padre que sería. Si está cómodo con los chicos, si los puede divertir al tiempo de darles consejos, así como recomendarte cómo solucionar problemas, te demuestra que posee cualidades deseables en la figura paterna, y que será un buen ejemplo para tus hijos. Igual, si te ve sosteniendo a los niños, dándoles de comer y satisfaciendo sus necesidades, demostrarás no sólo que eres una buena madre para tus hijos, sino que lo serías para los suyos y para los que tengan juntos.

Por supuesto, los sentimientos que él suscite en tus hijos deben importar, los pequeños tienen una sensibilidad extraordinaria para detectar cuando alguien tiene buenas o malas intenciones; si son pequeños, no tiene razones ulteriores para no quererlo, sobre todo si se los presentas como "mi amigo el señor Tal o Cual", como lo harías con cualquier amiga. Pero date cuenta también que si el padre biológico del niño sigue de alguna forma en su vida, no necesariamente va a sentir un inmenso y cálido afecto por el nuevo señor —y eso es natural. En estos casos, el niño no lo hará fácil, ni lo dejará acercarse así como así. Pero esto no significa que él se deje intimidar. Para empezar, ¿cómo se deja un adulto espantar por un pequeño? Si corre, déjalo ir. Quizá el nuevo pretendiente alce un ceja si una y otra vez se mete en problemas con Chucky, si en la primera cita Chucky le niega el saludo y disimuladamente le patea la espinilla, en la segunda cita el pequeño monstruo choca su bicicleta con el coche del sujeto y en la tercera "accidentalmente" le derrama jugo de frutas encima de su lindo traje de lino. Pero si realmente le importas se quedará para ver si Chucky está loco, o si sólo necesita tiempo, se empeñará en llevarse bien con el pequeño, mientras evalúa si Chucky es soportable.

¿Los adolescentes? Los hombres no los ven como un problema. No hay nadie que entre en una casa y crea que va a ser el mejor amigo del adolescente que la habita. Muchas veces ni siquiera los padres biológicos los aguantan, y viceversa. Sería raro que cualquiera tuviera un momento de felicidad instantánea con un adolescente mal geniudo y pesado que acaba de conocer; aunque lo bello de los adolescentes es que saben cómo volverse invisibles. Así, el prospecto podrá enfocar su atención en su relación sin distraerse con un chiquito berrinchudo. Pero un hombre que pretenda, genuinamente, estar en tu vida, tratará de estar en la vida de tu adolescente. No se rendirá. Sabe que el chico puede ser un majadero con él, pero indagará si la actitud es fingida, para aparentar ser malo, o si es la personalidad de tu hijo.

Ahora, te aseguro que comprendo, y el resto de los hombres también, tu necesidad maternal de proteger los sentimientos de tus hijos y tu oposición a permitir que se encariñen con alguien cuya permanencia no puedes garantizar, evitarás que al desaparecer se lleve un pedazo de sus corazones. Igualmente, sé que no quieres verte como una fácil que hace que pasen más hombres por la sala de su casa que por la parada del camión. Y también que lo que te recomiendo rompe con todas y cada una de las reglas atornilladas en la cabeza sobre las presentaciones entre pretendientes e hijos. Pero, caray, no te digo que alojes a toda la gente que conozcas, hablo de un hombre que puede tener un papel fundamental en tu vida. Y no te preocupes ante la posibilidad de que crea que lo quieres atrapar o que andas buscando a un tonto que reemplace al padre donde falló. Las madres solteras del planeta se han convencido, con sus instintos maternales y protectores al máximo, que llevar a un pretendiente a la casa es peligroso. Pero señoras, aquí les va un secreto: los hombres que escribieron las reglas del juego quieren que piensen eso. Las mujeres viven con miedo porque los hombres que se solazan con el juego de las citas las han engañado, mientras lo crean, ellos podrán seguir saliendo con ustedes y sin asumir responsabilidad.

Si de verdad quieres un hombre bueno en tu vida; si le has pedido a Dios que te ayude a formar una familia, párale a todas esas tonterías y presenta a tu galán con tus hijos, así podrás evaluarlo.

Los hombres sinceros comprendemos que si una mujer tiene hijos, son parte del paquete, y que ustedes pondrán las necesidades de sus hijos por encima de cualquier cosa, sobre todo si ustedes lo plantean desde el principio. Díganlo en el primer momento: "No ando en busca de una pareja para mí y ya; estoy buscando una unión con un hombre que esté dispuesto a ser padre de familia." Y, ¿saben qué significa hacer una declaración como la anterior? Poner un requerimiento sobre la mesa. Le dijeron, de forma dulce pero clara, que si está dispuesto a integrarse, debe estar preparado para los hijos. Un hombre de verdad estará de acuerdo porque sabe que puede ser parte de tu vida, y que se le enseñará la salida si sientes que no es bueno o que les hace mal a los niños. Con esa información y tus requerimientos sobre la mesa, o sale corriendo y se esconde en el monte, o se pone a pensar cómo lograr que funcione. Adelante, arriésgate: que venga contigo y los niños al zoológico, y que vaya a la casa de tu madre para una comida familiar. Fíjate en lo que dice y hace. Si te responde: "Nooo, yo los sábados tengo que ver *Pasión deportiva*" y la comida a la que lo estás invitando tiene lugar el domingo, adivina qué: me temo que no es para ti. Generalmente, la forma en la que una relación comienza suele reproducir cómo terminará, y si un hombre no está interesado en tu familia, ¿qué te hace pensar que cuando te hayas acostado con él sentirá un amor invencible por los tuyos? Pero si cuando llegue trae con él un juego de *Scrabble* o un Turista y se sienta a jugar un hora o los invita a una salida, quizá es "el indicado".

Para quienes consideran esto desde el punto de vista del peligro, repito que no les aconsejo que lleven un desconocido a casa y lo dejen solo con los niños. Por supuesto que si es la primera vez que irá, y estará cerca de tus hijos, lo observarás todo. ¿Qué hará en tu presencia? ¿Tocarle el muslo a tu hija mientras estás sentada en el sofá junto a ella? ¿Hacerle una llave china a tu hijo y apretarle el pescuezo? Sé realista: ningún hombre se meterá en tu casa a abusar si estás mirando. Y si te provoca tanta aprensión la idea de invitarlo, cítalo en un lugar público, uno donde haya montones de gente que puedan echarle ojo y describirlo si llega el momento de acusarlo con las autoridades o de darle un karatazo en la nuca.

Para quienes salen con un hombre que tiene hijos: no esperen que se los presente de inmediato, porque si hay un niño, seguro su madre no anda muy lejos, y lo último que él quiere es que el niño vaya con la mamá a contarle de la "señora muy linda" que papá invitó a la casa; en dos segundos la ex puede estar repitiéndole los nuevos términos de la custodia en la oreja, términos que excluyen la posibilidad de que sus bebés anden cerca de una mujer extraña de la que no sabe nada y que no ha autorizado, sobre todo si trata de planear un futuro con él. Así que un hombre con hijos de una relación anterior sabe que tiene que racionar sus encuentros cercanos niños/novias si quiere mantener la paz con su ex y ver a sus hijos. Ahora, si no te los presenta, es porque no quiere malgastar su porción de encuentros niños/novias en ti, pues ha decidido que no vale la pena el esfuerzo y los problemas que tendrá cuando los niños regresen con la madre y le digan que estaba con una mujer en su casa. Decidió que no vale la pena.

Si te pide que conozcas a sus hijos y está dispuesto a usar una de sus porciones niños/novias en ti, puedes saber que piensa que vales la pena y que por ti aguantará los problemas que surjan con la ex.

¿Cómo saber en qué categoría te colocó? Si, digamos, después de la quinta cita aún dice: "Por cierto, tenemos que vernos el domingo, porque el sábado es mi día con mis hijos y es el único día de la semana que los veo…", no te quiere cerca de ellos y decidió que no vales el dolor de cabeza que la presentación le puede acarrear. Pero si te dice algo como: "Veré a mis hijos el sábado, ¿qué te parece si vamos a la playa o el parque?", piensa que verá cómo le hace con la ex más tarde, pero en ese momento quiere, más que nada, estar contigo y sus hijos.

186

¿Quieres saber si tiene potencial de "buen padre"? La lista no es a prueba de balas, pero ciertamente te puede ayudar a considerar ciertas cosas sobre lo que debes saber para determinar si les conviene a ti y a tus hijos, o si lo mejor es que le muestres la salida.

SERÁ UN BUEN PADRE SI:

1) Te dice que le gustan los niños y que algún día quiere tener uno.

2) Le interesa conocer a tus hijos.

3) Aparece en casa con regalos para ellos. Claro que si aparece con un Xbox para Mickey y desparece por horas, quizá sea un problema.

4) Deja que los niños vean que siente respeto sincero, y hasta amor, por su madre.

5) Se le ocurre una salida para niños y los invita.

6) Te lleva a ti y a tus hijos a alguna fiesta, civil o religiosa.

7) Tiene un buen trabajo y un buen historial laboral.

8) Es amble con su mamá y se asegura de que esté bien, los "hijitos de mamá" no cuentan.

9) Sus sobrinas y sobrinos disfrutan el tiempo con él.

10) Tiene hermanos pequeños a los que cuidó y sobrevivieron sin daños.

11) Tiene una mascota a la que alimenta y cuida.

12) Mantiene limpia su casa y hasta sabe cocinar algunos platillos decentes.

13) Está preparado económicamente para mantenerte a ti y a tus hijos, o se propone hacerlo.

14) Puede y está prevenido para consolar a tus hijos cuando se lastiman. Si le da taquicardia al ver sangre, puede ser un problema, sobre todo si te dijo que es médico.

15) No se desmaya cuando ve un pañal.

16) Está listo para ensuciarse las manos con tus hijos, para bañarlos con la manguera, para jugar básquet en el parque, o dejar que lo entierren con arena en la playa, aunque no quieres que se emocione demasiado al jugar con las muñecas de tu hija.

17) No se vuelve loco cuando a alguien se le cae la comida o la bebida en el coche o deja una huella lodosa en el asiento, eso demuestra que no es quisquilloso con los tiraderos de los niños (y nada atenta más contra la limpieza de un auto que los niños, sus asientos tienen garantizado un encuentro con una Cajita feliz).

18) Está presto para jugar con un niño y hasta tiene la generosidad de dejarlo ganar. (Nota: gritar "¡Te gané! ¡Te dije!" cuando juegas con un niño de ocho años no es algo que un buen padre hace.)

19) Está preparado y dispuesto a enseñarte a jugar un deporte, lo que muestra que tiene la paciencia de Job.

20) Acepta acompañarlos a celebraciones familiares aún tras escuchar que la loca de la tía Telma se emborracha y les grita a tus novios en cuanto tiene oportunidad y ante quien sea.

21) Está genuinamente interesado en cómo va tu hijo en la escuela y no sólo lo anima para que mejore, sino que le da consejos para que brille.

22) Puede ser amable con ellos, también ser firme, aunque,

por supuesto, no quieres que se quite el cinturón para darles un cintarazo a la media hora de conocerlos: sé que los niños pueden ser terribles, pero eso es exagerado.

23) Es capaz de perdonarlos, y lo demuestra aunque los pequeños hagan algo imperdonable o, por lo menos, muy cuestionable.

CAPÍTULO 13

MUJERES FUERTES, INDEPENDIENTES
—Y SOLITARIAS

Un mundo sin mujeres sería similar a: los hombres no se bañarían ni se rasurarían. No trabajarían. Nuestros guardarropas serían muy simples: sudaderas, camisetas y calcetines, y quizá tenis, pero sólo si existiera la necesidad de salir de casa. No habría por qué comer en vajilla, consumir vegetales o platillos sofisticados, serviríamos en platos de papel carnes frías, pizza y cerveza. Eso sería todo.

Amueblaríamos las casas con lo mínimo: un sillón reclinable, un refrigerador, una televisión gigante y, claro, un control remoto. Sólo dos canales de televisión: ESPN y ESPN 2. No necesitaríamos ir de vacaciones, nos iríamos a Las Vegas. Allá se puede jugar, fumar puro, comer filete, jugar golf e ir al club de nudistas. El slogan "Lo que pasa en Las

Vegas se queda en Las Vegas" no sería necesario, porque los hombres no contarían lo que hicieron.

Les informo para que sepan que somos criaturas muy simples, que harían cosas muy simples si no fuera por las mujeres. Después de todo, ustedes son quienes saben como "manejarlo todo"; hacer mil cosas al mismo tiempo; trabajan turno completo para luego llegar a la casa a ser esposas y madres. Muchas crían solas a los niños, sin la intervención de quien les ayudó a fabricarlos; ocupan posiciones clave en el mundo financiero y económico, se encargan de llevar la comida a la mesa, a veces de mejor calidad que la que pueden comprar los hombres, superan la matrícula masculina en las universidades, son puntales de la Iglesia, ayudan a educar a nuestros niños, sosteniéndolos y protegiendo sus mentes y sus espíritus. Los hombres lo apreciamos mucho más de lo que se imaginan, (sobre todo porque la mayoría somos demasiado orgullosos para expresarlo).

Aun así, la fuerza para "manejar todo" no es, al menos en la mente masculina, donde reside el poder de las mujeres. Para nosotros, éste viene de un hecho simple: son mujeres y los hombres haremos cualquier cosa humanamente posible para impresionarlas, para estar con ustedes.

Son el motor que nos impulsa a levantarnos cada mañana. Salimos a trabajar y nos empeñamos para impresionarlas, manejamos autos deportivos por ustedes. Nos vestimos bien, utilizamos colonia y nos cortamos el cabello para ser guapos y atractivos, para ustedes. Lo hacemos porque mientras más suban el listón, más obtendremos. Son nuestro premio mayor.

Lo que diré a continuación puede resultar amargo para algunas, quizá se sientan ofendidas, pero lo expreso sinceramente y por amor a su género. En algún punto del camino, perdieron de vista este hecho, tal vez porque los hombres jugamos tramposamente con ustedes, porque llevamos demasiados ases en la manga, hemos hecho tanto daño en nuestra búsqueda de mujeres que las hemos convencido de que no nos importan. Quizá también tiene relación con la forma en que las educan hoy en día: hay mucho estímulo de parte de sus madres, abuelas, tías y sus mentoras para que estudien y consigan empleos fantásticos, para que sean independientes, aunque sacrifiquen las relaciones amorosas para lograrlo.

Tal vez la influencia de la obsesión de los medios de comunicación con la perfección física las ha desgastado, la presión va de las portadas de revistas a los programas de televisión, los comerciales, los blogs, todo mensaje que te dice que enflaques, te alises, bajes de por allí y subas de por acá, que te vistas de determinada manera hasta que te veas como Halle Berry o Beyoncé, sólo así podrás tener un hombre bueno. Pero para ello lo único que necesitas es tu propia belleza, sólo Halle se puede ver como Halle, y Beyoncé como Beyoncé.

Cualquiera que sea la razón, los hombres ya no nos estamos conectando con esa parte especial que las hace mujeres: esa que las vuelve hermosas para nosotros y que, de paso, nos hace sentirnos más hombres. Como expliqué, la forma que tiene un hombre de manifestar su amor es declarar, proveer y proteger. Lo que significa que si tienes tu

dinero, tu auto, tu casa, tu sistema de alarma ultra sofistica-
do, una pistola y un perro guardián, prácticamente gritas
desde los tejados que no necesitas a un hombre que provea
y proteja, y perdemos la intención de andar por ahí.

¿Para qué nos necesitan si tienen todo eso?

No malinterpreten lo que escribo. No nos quejamos
de que manejen su vida y tengan todo bajo control: pueden tener dinero, casa, coche. Alarma sofisticada, perro
guardián y pistola también. Pero, si a quien las pretende y
lucha por su afecto, no se le permite demostrar sus habilidades para proveer y proteger, ¿cómo puede declarar su
amor a una mujer que no le permite verse como un hombre? Las cosas que han adquirido y que se han ganado en
las áreas económicas e intelectuales no pueden parecer
más importantes que la relación con un hombre. El ADN
masculino no lo tolera. Traducción: agradecemos cuando
las mujeres nos tratan como hombres, cuando nos dejan
saber que nos *necesitan*. Queremos sentir que somos indis-
pensables, es más significativo de lo que aparentamos; nos
es vital sentirnos necesitados por ustedes para consumar
nuestro destino como hombre.

Claro que he escuchado a mujeres que dicen: "Yo
no me voy a rebajar para que él se sienta más hombre:
¡si no puede lidiar con mi dinero, mi éxito y mi independencia, tampoco puede lidiar conmigo!", lo entendemos y
podemos manejar a las mujeres fuertes; de hecho, somos
producto de ellas: mujeres que se "encargaban de todo".
No es ningún secreto que nos permiten vivir con la fantasía
de que somos quienes mandamos en casa mientras ustedes

toman las decisiones fundamentales respecto del hogar y la familia. Tampoco es secreto que no importa quién gane más, las mujeres deciden cómo se gastará el dinero, administran y disponen de las finanzas, tampoco es un enigma que cuando peleamos, y aunque fingiremos tener la razón y ser triunfadores de esa pequeña batalla, sabemos que si queremos restaurar la paz, necesitan salirse con la suya. No hay problema con nada de esto. Pero si dejan de actuar como si fuéramos esenciales para la felicidad doméstica o tratan nuestros egos con menos que el máximo de los cuidados, no tendremos la menor gana de relacionarnos con ustedes. En nuestros cerebros, si tienen su propio dinero, no querrán nada con nosotros. Si saben karate y pueden demoler a un tipo de una patada, no necesitan que las protejamos. Y si no podemos ejercer dos de los mecanismos que nos integran: proveer y proteger, entonces no podremos declarar nuestro amor por ustedes. Absolutamente no vamos a decir: "Soy tu pareja" si no nos permiten consumar lo que somos. ¿Qué sucederá? Nos acostaremos con ustedes y luego nos iremos con la música a otra parte.

Es la verdad, amarga pero cierta.

Cuando era joven, estuve en un relación con una mujer a la que creí amar. Fue cuando me salí de la universidad y estaba entre dos trabajos, apenas encontrando pie como comediante. Ella fue una ayuda esencial para mí; estaba luchando y apenas podía, y ella sostuvo el techo sobre los dos en el aspecto financiero. Lo admito. Pero también me esforcé por compensar mi falta de dinero haciendo todo lo que podía en la casa. Traté, siempre, de que nuestro hogar

197

tuviera orden. Eso creo que es una relación verdadera: un lugar en el que dos personas buscan el equilibrio, a veces en medio de la adversidad. Y la adversidad llega siempre, créanme. ¿Recuerdan los votos matrimoniales que nos obligan a proferir? El sacerdote te hace pronunciarlos porque él, como todos, sabe lo que viene: ¿juntos en lo bueno y en lo malo? Ahí viene lo malo, ¿en la salud y la enfermedad? Alguien se va a enfermar, ¿en la abundancia o la pobreza? Alguien tendrá problemas económicos, acabará quebrado o sin trabajo. Los tiempos difíciles arriban tarde o temprano. La pregunta es: ¿cómo reaccionarás cuando lleguen?

Esto se le aclaró a un amigo un día que fue con su mujer al supermercado. Ella llenaba el carrito con lo que podía necesitar: carne, verduras, frutas, bebidas. Se enfilaron al pasillo donde está el jugo de piña. Una cosa que hay que saber acerca de mi amigo: ama el jugo de piña. Filete y jugo de piña. Quién sabe cuál de las dos cosas le gusta más. Recorrieron el pasillo y lo único que él tomó de los anaqueles fue un jugo de piña. Asió su frasco, lo puso en el carrito y se quedó como si nada. Ella estaba de espaldas cuando lo hizo, pero al volverse y descubrir sobre la pila el frasco, lo tomó y preguntó:

—¿Qué es esto?

—Jugo de piña —dijo él, sencillamente.

—Y, ¿quién puso este jugo de piña en el carrito? —preguntó ella.

—Bueno, pues yo —balbuceó él, un poco confundido, porque, ¿quién más lo haría?

—Pero —casi escupió ella— no tienes dinero.

Y luego hizo lo más detestable: tomó el frasco y lo arrojó al suelo donde se hizo añicos con un estruendo, se quebró en mil pedacitos de vidrio brilloso y líquido amarillo, muy cerca de los pies de ambos. Él miró el desastre, ella lo vio con ojos de pistola y se fue dejándolo en medio del charco y los vidrios.

Salió de la tienda para esperarla. Cuando por fin ella cruzó la puerta, él metió las bolsas al coche, con lágrimas en los ojos. No se pueden imaginar cómo le dolió el gesto. Él sabía, mejor que nadie, que no tenía dinero, pero sólo quería un mugroso jugo de piña, y con ese acto, en ese minuto, su mujer le echó en cara que no lo consideraba un hombre. Lo que le importó a esa señora en ese momento fue forzarlo a encarar algo que él sabía: no estaba cumpliendo con su papel de proveedor. No estoy sugiriendo que ella no tuviera derecho a esperar que su pareja demostrara que podía. Pero si lo hubiera conocido un poco —y a los hombres en general— se hubiera dado cuenta de que humillándolo no obtendría nada. Sus acciones sólo lo alejarían.

Poco tiempo después la dejó.

La verdad es que este tipo de reacción es, más o menos, lo que se puede esperar de los hombres que están con mujeres que ganan más que ellos y que les echan sus triunfos económicos en cara. ¿Se sentirá intimidado por tu dinero y tu éxito? Sí; sobre todo si lo desplazas de su función como proveedor. Eso espera la sociedad de él, y no es por nada, pero ustedes también; es decir, que sea capaz de alzarte en vilo y cuidarte. Claro, cuando un hombre es joven y no sabe qué debe hacer, anda muy ocupado siendo lo que él cree viril: salir con una cantidad enorme de mujeres, gastando su dinero como loco en cosas que no necesita; usando los músculos en lugar del cerebro para ser masculino. Pero tarde o temprano, a la mayoría de nosotros se nos pasa y descubrimos que lo único que importa es que proveamos y amparemos a quienes amamos. Hasta los convictos en la cárcel dirán: "En cuanto salga de aquí, lo primero que haré será conseguir un trabajo para ver por mi familia, es todo lo que anhelo." Casi todos los hombres llegan a esa conclusión. Claro que hay unos que no logran salir de su ignorancia y mueren desorientados y solos. Pero para la mayoría cuando estamos con otros hombres, ya no se trata de con cuántas mujeres sales, sino a cuántas personas mantienes y proteges.

Estamos entrenados para ser los proveedores, y ustedes para esperar eso de nosotros. Así, en el momento en el que ese equilibrio se rompe, la armonía de la relación se desintegra. Si la mujer, además, tiene la perniciosa costumbre de untarle a la pareja sus deficiencias, él tiene un problema mayor. Seguirá luchando con la dificultad de no ser quien vea económicamente por los dos, y ella sentirá que el ego de su pareja interfiere entre ella y la felicidad.

Todos los involucrados, ciertamente, se sentirán miserables.

¿Cómo solucionarlo?

Nadie les pide que renuncien a su dinero, a su trabajo, a su educación y al orgullo y la dignidad que conllevan.

Sólo pórtense como damas.

200

Ah, hasta aquí se puede escuchar el rechinido de dientes —es más sonoro que la sirena de una patrulla de policía— y también puedo imaginarlas con los brazos cruzados y las cejas alzadas. Pero no hay razón para ponerse así, porque lo que escribo no cambiará el hecho de que los hombres, independientemente de su estatus social, educación y situación económica, aspiran a que sus mujeres les permitan encargarse de ellas y protegerlas.

Y yo les digo a las más desafiantes: vayan y hagan como que lo que les acabo de decir no tiene importancia, pero quienes de vez en cuando dejan que un hombre tome las riendas, ganarán una buena relación. ¿Quieren un hombre? ¿Sí o no?

Pueden hacer lo siguiente.

Sé perfectamente que hay muchas que pueden solitas levantar la televisión. Pero deben dejar que él lo haga: ese es su trabajo; ya sé que no están mal del brazo, pero por Dios, cuando salgan con un hombre, dejen que les abra la puerta y las trate como a una dama. Si no lo hace automáticamente, párense junto a la puerta y no se muevan hasta que entienda que tiene que salirse del asiento del conductor, dar la vuelta al auto y abrir la condenada puerta. Ese es su trabajo.

Sabemos que tienen montones de dinero y que pueden pagar la cena. Pero quédense quietecitas y dejen que él pague la cuenta. Eso es lo que se supone que debe hacer cuando sale a cenar con una mujer.

Sí, son independientes y no necesitan que ningún señor saque la basura y cuelgue los cuadros, ni que vaya a comprar las herramientas que necesitas para componer el grifo del baño. Pero no les miento: si se ponen el dedo en la boca y actúan como si no supieran qué hacer o como si carecieran de fuerza, sus parejas se pondrán al alba y lo harán por ustedes, y con una sonrisa enorme si además le dicen con el corazón: "Bebé, gracias por componer esto, la verdad es que no sabría qué hacer sin ti."

El asunto es que los hombres se portarían más como hombres si se les pidiera actuar como lo que son. Ya sé que vivimos en una época donde las mujeres se han apropiado de los papeles por necesidad. Lo reconozco. Pero en algún punto deberán decidir si prefieren ser la señora vieja, poderosa y solitaria, o si tomarán un asiento para portarse como damas. Las mujeres adoptan todo tipo de papeles y lo hacen siempre; ¿por qué cuando se trata de esto son incapaces de hacer el papel de dama y relajarse un poco? A la larga, ser una dama les permitiría estar en paz. ¿Por qué no tomar la oportunidad? Se los prometo, no es difícil, no morirán y cualquiera que sea su necesidad, su hombre brincará como rayo y tratará de satisfacerla, con tal de que le muestren un mínimo de gratitud.

No es por nada, pero vean el ejemplo de mi esposa Marjorie, no pasa un día sin que ella o yo nos halaguemos en diferentes momentos de la jornada. Hace poco me dejó a cargo de los niños mientras resolvía varios asuntos pendientes y hacía cosas en casa. Cuando llegó notó mi cara de cansancio por correr tras ellos; además, no es algo que me guste hacer. Bueno, sí lo puedo hacer, pero no me gusta, es agotador. De verdad. Caminó hasta mí y dulcemente me tapó la boca, me dijo: "Steve, no sabes cómo te agradezco que cuidaras a los niños, qué gran padre eres." Antes de que terminara de decirlo, yo ya había brincado para ir detrás de los niños y asegurarme de que ninguno hiciera relajo y se apartaran de su camino y se mantuvieran quietecitos mientras terminaba lo que tenía que hacer. Si no me hubiera reconocido, hubiera estado enfadado por haber tenido que cuidar a los niños todo el día mientras había miles de cosas que hubiera preferido hacer. Sus palabras me hicieron recordar por qué estoy en el juego y, sobre todo, por qué Marjorie está en mi equipo.

Valorar a un hombre, no deteriorar su confianza y autoestima, es la mejor manera de obtener lo mejor de él. Y la mejor forma de valorarlo es siendo una dama, y permitiendo que se porte como un caballero.

La verdad es que estoy convencido de que ser una dama es un arte olvidado entre las mujeres, creo que la mayoría podía tomar una o dos lecciones sobre la materia, así que me daré la libertad de mostrarles cómo ser una dama en situaciones básicas en las que se encontrarán algún día. Les garantizo que si este hombre lo vale, estará dispuesto a entrar al juego:

Cómo ser una dama en una cita

No le digas a dónde te gustaría ir. Dile qué tipo de comida y atmósfera te agradan y deja que escoja un lugar que te encantará.

No le digas que tú manejas. Deja que los lleve donde deben ir.

No le digas que pagan la mitad. Que él pague todo. No lo invites a beber en tu casa. Dale un beso de las buenas noches y deja que se haga bolas pensando qué debe hacer para ganarse el bizcochito, nunca antes de concluir el periodo de prueba de noventa días.

Cómo ser una dama en la casa

No trates de componer la llave del fregadero, el coche, el excusado ni nada. Deja que él lo haga.

No seas quien saque la basura, pinte o corte el pasto. Ese es su trabajo.

No levantes cosas pesadas. Él nació con el músculo necesario para levantar sofás, televisores, libreros y demás.

No tengas miedo de cocinarle uno o dos platillos. La cocina es un lugar hospitalario, tanto para ti como para él.

No duermas con sudaderas todas las noches. La ropa interior con encajes no le hace daño a nadie.

CAPÍTULO 14

CÓMO CONSEGUIR EL ANILLO

Tu pareja sabe qué es lo que quieres: la muestra del compromiso total: el anillo. También sabe qué necesita: a ti. Sería obvio entonces que lo siguiente es ir con el joyero, escoger un diamante lindo y grande y planear una propuesta matrimonial, decir: "¿Te casarías conmigo?", con rodilla en el suelo y todo, una tan especial que haga que la que Seal, ese cantante que ha ganado un montón de Grammys, le hizo a Heidi Klum parezca una invitación a una graduación. Por cierto, Seal le propuso matrimonio a Heidi en un iglú que construyó sobre un glaciar a más de catorce mil pies sobre el nivel del mar.

Pero la propuesta no llega y no llega.

Y por la forma en la que actúa es posible que tarde demasiado.

Entonces esperas, esperas y esperas.

Es una historia común para muchas mujeres que trabajan duro porque aman a su pareja y porque quieren probarle que son "la indicada", sabemos qué debes hacer para dejarlo claro, todo lo que las esposa leales hacen: apoyarlo emocionalmente, ser leal, ser la mejor en el dormitorio, decirle que lo amas y demostrarlo. Tal vez vivir con él.

Tener sus bebés. Acercarte, de verdad, a su madre, sus hermanas, sus amigos. Básicamente, darle todo lo que quiere y necesita.

Lean *esta* carta fresa de una radioescucha que usó como seudónimo "El reloj biológico que suena como bomba". Tiene treinta y un años, soltera, sin hijos, en una relación que siente como un "tono de espera de tres años de duración".

Me dice que me ama y que quiere que sea la madre de sus hijos. Mi reloj biológico marca la hora como desesperado y durante el año pasado tratamos de que me embarazara sin éxito. Creo que es un signo, una señal. El problema es que se niega a casarse porque no quiere comprometerse ni tener que responderle a nadie. Durante todo este tiempo me he esforzado por demostrarle que no soy como las otras mujeres con quienes ha salido. Lo he apoyado en diversos momentos: cuando se lastimó, cuando perdió a su padre, cuando se quedó sin trabajo. Lo he alentado, he estado para él física y emocionalmente. He estado esperando, aguantando, con la esperanza de que se case conmigo porque no creo que haya otro hombre que quiera tener un bebé conmigo. ¿Soy una tonta por esperarlo? ¿Debería dejarlo ir?

Como ella, hay montones de mujeres en la misma situación, no comprenden por qué después de todo lo invertido en la relación, él no les da lo único que piden. Bueno, pues déjenme explicarlo. Él no pide matrimonio por una o varias de las siguientes razones: 1) todavía está casado con alguien más; 2) no eres a quien necesita; o la respuesta verdadera, que no creo que quieras escuchar; 3) no has requerido que se case contigo y que ponga la fecha.

Conozco a más de uno cuya mujer está en medio de un dilema semejante; por ejemplo, una pareja que salió por un año antes de que ella se embarazara. Debo decir en su honor, que ella, madre soltera, con un hijito de una relación anterior que falló, sabe que no quiere tener otro niño en la misma situación y criar sola a dos infantes, así que le puso los puntos sobre las íes: "Sólo tendré a este niño si estás dispuesto a ser un padre de verdad." Enfrentado con la disyuntiva de perder a su hijo y a ella también, aceptó el reto. Consintió vivir con ella y estar ahí para su bebé: se salió de su departamento y se fue a la casa de ella, a prepararse para el nacimiento de su hijo. Ella pensó: "Ah, la propuesta vendrá pronto, tal vez después de que nazca el niño." Su pareja le dio el anillo, pero ella lo usa *desde hace siete años*. Durante este tiempo ha estado esperando, rezando, anhelando que él ponga fecha a la boda, pero no parece que estén más cerca de la iglesia que el día en el que nació el bebé. Comparten la casa, las responsabilidades de criar a los chicos, los pagos, las agendas, las letras del coche, la banca de la iglesia y sí, por supuesto, la cama. Pero no comparten un certificado de matrimonio, ni el apellido.

Ella no puede comprender por qué juegan a *la casita*, en lugar de tener un *hogar oficial*. Él siente que ya tienen un hogar, y que el papel no es necesario.

Este es el dilema.

Deben saber algo: para muchos hombres el matrimonio cae en la misma categoría que comer vegetales: es algo que sabes que deberías hacer, pero que pospones porque es mejor comer una hamburguesa jugosa, salada y llena de grasa con una montaña de papas fritas. Es más satisfactorio. En este libro ya expliqué una y otra vez que somos criaturas mucho más simples de lo que se imaginan y que si no fuera por ustedes, existiríamos de forma, digamos, simple, el dinero se nos iría en comprar cosas brillosas y nuestro tiempo se dividiría entre ver nudistas y deportes por tele. No habría necesidad de vestirse bien o de mantener limpia la casa, y destinaríamos parte del tiempo a los videojuegos. Somos felices así, la soltería nos hace sentir jóvenes y libres. Y el matrimonio no. La responsabilidad y el matrimonio no combinan con esa sensación, hasta que el juego se torna aburrido y nos damos cuenta de que es hora de comportarse como adultos. Hasta que algo —o alguien— nos hace crecer.

Pero aquí va algo que deben saber: los hombres tienen muy claro que las mujeres quieren casarse. Que a pesar de su independencia, de que las estadísticas nos revelan que en Estados Unidos la mitad de los matrimonios terminan en divorcio, a pesar de la cantidad de trabajo que implica el matrimonio, de sudor, dolor y lágrimas que son necesarios para construir una relación, por demás imperfecta, en el fondo las mujeres creen en el cuento de hadas del marido y la casita y la cerca blanca y los dos niños y medio.

Y los hombres, además, tienen claro que les pueden ir dando poco a poco cosas que hagan parecer que la relación va derechito al altar sólo para mantenerlas ahí. Créanme cuando les digo que los hombres hacen todo con un plan en mente, y en el caso de un hombre que te prorroga las fechas, o se muda contigo, o te da un anillo, pero se resiste a que lo "atrapes" y no pone fecha para la boda, lo hace para tenerte aprisionada. Él te quiere a ti y no quiere que nadie más ande contigo.

Además, la única razón por la que los hombres demoran la fecha o no hacen la petición de mano es porque su mujer no se los exige. Permanece estúpidamente sentada, esperando a que su novio dicte la fecha, a pesar de que se ha acostado con él, ha cortado las relaciones que podría tener con cualquier pretendiente, y en algunos casos, comparten una casa y tienen hijos.

Simple y sencillamente, no puedo ser diplomático con esto.

Es una tontería.

Métanse en la cabeza de sus novios: si un sujeto está dispuesto a ser tu novio a largo plazo, vivir contigo, darte un anillo o ser un padre responsable, ya se borró, él solito, de la lista de los jugadores. Técnicamente se ha borrado del registro de pescadores deportivos. No puede traer muchachonas a la casa. No puede contestar llamadas misteriosas. No puede salirse a ver a otra o quedarse fuera. No le puede dar dinero a otra. ¿Por qué entonces un hombre en una relación comprometida aceptaría esta lista de cosas que no puede hacer?

Porque te quiere y no desea perderte.

Así que sólo falta un paso para completar la ecuación del matrimonio: la fecha de la boda. Sabes que eso es lo que quieres, así que esto harás: crea tus reglas y límites y refuérzalos. Dile: "Te amo, me amas, tenemos una relación fantástica, la relación con la que siempre soñé. Ahora quiero casarme contigo. Necesito que pongas una fecha y que regreses en un par de semanas. Si no sucede, no me sentaré a esperar indefinidamente a que seas quien dicte cuándo apretar el botón de mi felicidad. El arreglo que tenemos no me hace feliz."

¿Qué? Esta es una propuesta de lo más razonable. Si no, cuánto más permanecerás en esta situación, una situación en la que no tienes lo que quieres...¿cuatro años?, ¿diez años? ¿siempre?

El calendario es tuyo: no renuncies a tu poder. Cuando un hombre ve que una mujer se resigna a guardar sus deseos de casarse en un librero, sonreímos y los acomodamos allí también. Y seguiremos rentándote, con opción a compra. No sean la Avenida Báltico del juego de Monopolio, ese lugar donde cualquiera con un tiro de dados compra, que vale tres dólares y donde uno se puede sentar y no hacer nada, sin obligaciones ni preocupaciones. No lo sean, hagan que su hombre de la vuelta y compre esa propiedad con un valor increíble, reconoce que eres el bien más caro del juego, para compra, no para renta.

Nota: no se trata de que le pidas matrimonio a tu pareja, sino de sacarte de esa mentalidad de 1945, de andar esperando a que un tipo te pida matrimonio. Te lo han grabado y ya no sale: "¡Nunca le pediría a un hombre que se case conmigo!", lo has repetido tanto que perdiste la sensibilidad para entender qué quieres. ¡Ya no estamos en 1945! Cuando mis padres y su generación se cortejaban y se casaban, las mujeres podían sentarse a esperar, porque la verdad, los hombres no tenían muchas alternativas. Si un tipo vivía en una granja, y a dos millas de allí había otra y en ella no había chicas, sino varones pequeños, debía caminar cuatro millas más para saber si había una pareja potencial, hablar de "la indicada" era demasiado. Y cuando se cortejaba, él debía ir con cartas lindas, superar obstáculos, demostrar abiertamente sus intenciones, dejaba la cartita cerca del árbol, luego encendía una fogata y se manifestaba con señales de humo para que ella supiera que estaba interesado. Conquistar era romántico porque los hombres sabían que tenían que conducirse con propiedad, no sólo con las interesadas, sino con los padres y familias. Debían sentarse junto a las mujeres con todos los adultos en el mismo cuarto porque, simplemente, no había más cuartos en la casa. El ritual culminaba con el joven llevando a sus padres, orgulloso, con los hombros echados atrás y la barbilla en alto, a pedir a los padres de ella la mano de su hija. Lo que el padre decidiera eso se hacía.

Ahora las mujeres creen que si un hombre las ama hará la corte y pedirá su mano. El problema es que se les pide que usen una lógica del siglo XX en el siglo XXI. Hay

muchas mujeres para elegir, las hay por todas partes, trabajando junto a los hombres, viviendo en edificios de departamentos, viajando en tren y autobús, divirtiéndose en clubes. La tecnología ha llegado al punto en el que puedes contactar a una mujer sin haberla visto antes. Ya no es 1945, ya no puedes conservar viejas ideas en la cabeza. La idea: "Si me quiere, me pedirá matrimonio", debe desaparecer porque no lo haremos cuando ustedes estén listas, jugaremos hasta que nos pongan límites y clarifiquen sus requerimientos. No digo que se hinquen, sino que pongan y dispongan del calendario, para el anillo y la fecha, y que le digan al hombre que se quieren casar y punto.

Reconozco que es difícil.

Pero es aún más difícil: *salir/vivir con/tener el bebé* de un hombre que no tiene intenciones de casarse, y que después de ocho años de relación se aleja, se larga y renuncia y así las cosas, no te queda de otra más que buscarte otra pareja con quien dividir los gastos después de haberlos compartido y criar a los niños sola. Esto sí se puede hacer, pero tengan en cuenta que es muy difícil. Sugiero que se libren de los momentos incómodos desde el principio.

Dejen que se entere de cuánto valen y qué esperan. Déjenle claro su importe: díganle cuánto valen y pongan el precio como si se fueran a subastar en eBay por un millón de dólares. Desglosen su valía, expliquen: "Te respeto, te adoro, soy cariñosa, te presto atención, soy puntual, bondadosa, leal, tendré a tus hijos, los amaré con locura, todo esto para ti a cambio de una generosa suma. Necesito tu tiempo, lealtad, apoyo, afecto, atención, puntualidad, bondad, educación;

que me brindes el asiento; me abras la puerta, me respetes y, sobre todo, me ames. También quiero un anillo de diamantes y un paseo hacia el altar."

El hombre que lo escuche prestará atención, sabrá que tienes una gran autoestima. Lo verá y cuestionará: "¿Vale todo eso?", si el precio le parece alto, se irá. Pero no quieres a ese, ¿verdad? Él sólo quería rentarte. La gente que renta no se preocupa por la propiedad que habita. Permite que se deteriore, la ignora, no le importa cómo se ve. Usa el espacio y cuando encuentra algo mejor, se va.

Quieres y necesitas al tipo dispuesto a hacer la compra en la Avenida Broadway. El que quiere mudarse, quedarse, cuidar el jardín, asegurarse de que el drenaje marcha como debe, pintar las paredes, poner muebles, pagar la hipoteca con regularidad, el que hace de su casa un hogar. ¿Ese? Ese se hará responsable y hará la pregunta, como necesitas.

Después de todo, son los jóvenes los que rentan, los hombres construyen hogares.

Exígele que sea un hombre. Si no te ama, no se comprometerá, no se meterá en honduras y es mejor que lo sepas ahora. Pero si te ama, declara, provee, y protege. Si te ama, la más alta declaración es: "Ella es mi esposa." Puedes empezar con "esta es mi chica" y luego "esta es la madre de mis hijos", o hasta "esta es mi prometida". Pero después de un par de años hay que dejar atrás ese título. Por lo menos, mereces claridad de hecho, a las mujeres les va muy mal si no la tienen, lo que ellas quieren saber es: ¿adónde va esta relación?, ¿me ama?, ¿soy "la indicada"?, ¿qué ve en nuestro futuro?

Esto en una nuez, y todo hombre sabe que lo está esperando en algún lugar del camino. Tal vez no esté listo para ello, y si no lo está pero tú sí, no hacen buena mancuerna. ¿Para qué malgastar tus mejores años en algo que no llegará a donde quieres? En lugar de quedarte busca a alguien más, a alguien que comparta tus anhelos. Creo de verdad que hay muchas mujeres por los treinta y tantos años, que siguen solteras porque en algún momento les falló ponerse firmes, establecer las reglas, o irse. Pero les puedo decir, por experiencia, que si se ponen firmes, ponen reglas, verán cómo él se alinea y marcha derechito. La razón por la que estoy casado con Marjorie hoy día es porque tenía su calendario, requerimientos y límites. Lo vi desde el principio de la relación; lo vi la noche en la que nuestra relación estuvo al borde de romperse; lo vi cuando regresé con ella. Les digo una cosa, si yo todavía tuviera mi trabajo en la planta de Ford y ella necesitara 400 de los 600 dólares que ganaba a la quincena, se los daría.

Quiero protegerla.

Y ella me hace sentir orgulloso de ser su hombre.

Tú puedes tener esto. No seas una historia más de corazón roto. Comienza por ponerte en primer lugar, llega a donde quieres ir y haz que tu hombre sea todo lo que puede ser. Recuerda: la principal causa del fracaso es el miedo al fracaso. El miedo te paraliza y te impide actuar. No temas perderlo, si realmente te ama, no irá a ninguna parte.

CAPÍTULO 15

Respuestas rápidas a preguntas que siempre quisiste hacer

Lo he dicho una y mil veces: los hombres somos criaturas simples. Hay temas en los que no nos abismaremos, responderemos preguntas a palo seco, sin adornos.

Le pedí a varias de mis colegas y asociadas que hicieran preguntas rápidas, cosas que siempre han querido saber y que sus amigas no logran contestar satisfactoriamente.

Ellas preguntaron y yo contesté. Aquí el resultado:

¿Qué les parece sexy a los hombres?

Tenemos gustos diferentes, así que lo que le encanta a uno le puede parecer feo a otro. No se preocupen, no importa qué tantos defectos se vean a sí mismas, en el mundo hay un hombre al que le encantarás exactamente como eres.

Una mujer segura de sí misma es increíblemente atractiva, no importa el molde que le ajuste. Los hombres son muy visuales, no hay duda que repasará la ropa, el maquillaje, el cuerpo, la forma en la que caminas, los pies, las manos, la delicadeza. Poco escapa a nuestra atención.

¿QUÉ OPINAN DE LA CIRUGÍA ESTÉTICA, LAS EXTENSIONES, LOS LENTES DE CONTACTO DE COLOR, LAS UÑAS POSTIZAS, ENTRE OTROS?

Para el hombre promedio, lo que hagas para verte bien mientras estás colgada de su brazo, está perfecto. Implantes en los senos, operaciones de pancita, disminución de senos, mejoramiento de nariz: si les hace sentir bien, perfecto. Pero si dices continuamente que te quieres operar la nariz y él responde que le parece linda, déjala como está. ¿Para qué arriesgarte con algo que le parece bien? ¿Para qué perder el peso extra si a tu marido le encanta lo que ve? Claro que está perfecto si es algo que harás por ti misma, pero créanme, a los hombres les importa un rábano, ellos están contentos con lo que tienen.

¿QUÉ SIENTEN AL SALIR CON MUJERES MUCHO MÁS JÓVENES?

Muchos, en sus cuarenta y cincuenta, tratan de validarse saliendo con mujeres jóvenes. Es lo mismo que cuando salen a comprar un auto chiquitito con un motor gigante que hace ruido; lo hacen porque su "motor" ya no produce el ruido que antes. Esto es más real si no tiene madurez. No tiene que ver con las mujeres; es problema de ellos. Pero, adivinen, ahora mismo hay un hombre más joven que ustedes mirándolas y pensando: "Guau, me encantaría validarme con ella." Sucede todo el tiempo. Como he dicho, siempre hay un roto para un descosido.

¿LAS PREFIEREN GORDITAS O FLACAS?

A los hombres les gustan todo tipo de mujeres. Hay un hombre por ahí para cada tipo de cuerpo. Hay a quienes les gusta un físico generoso, a otros un físico diminuto, y muchísimos tienen gustos entre esos extremos. No importa tu talla, seguro hay un hombre para ti.

¿SALDRÍAS O TE CASARÍAS CON UNA MUJER QUE FUME?

Yo no, y me temo que los no fumadores tampoco. La piel de las mujeres que fuman está arrugada prematuramente y sus labios se manchan. Las envejece. Para mí, fumar equivale a poca fuerza de voluntad y desinterés en la salud. Una vez que un hombre piensa que a la fumadora no le interesa su salud, piensa que no será capaz de cuidar la salud de los niños o la de él. La mayoría de los no fumadores no toleraría a una fumadora, aunque definitivamente se acostarían con ella.

¿QUÉ PIENSAN CUANDO SU PAREJA SUBE DE PESO O CAMBIA FÍSICAMENTE Y NO CONSERVA EL ASPECTO QUE TENÍA AL INICIO DE LA RELACIÓN?

Si el hombre te ama, te amará aunque subas de peso. Nosotros cambiamos también, con panzas cerveceras, llantas y todo. Es evidente que no conservarás el mismo aspecto que tenías al inicio de la relación, aunque sí puedes mantener un parámetro. Gana diez kilos, no cincuenta, arréglate, ponte sexy y linda. Así que no importa mucho. Si tu hombre es frívolo, insistirá en que bajes de peso. Pero la mayoría sabrá que algunos kilos no significan nada y no les molestará.

¿QUÉ PREFIEREN, ZAPATOS BAJOS O TACÓN?

Tacones, nena, tacones siempre, siempre. Si existieran tenis con tacones para nuestras esposas los conseguiríamos donde fuera. Es sexy para nosotros, no conozco un solo hombre que las prefiera con zapatos bajos. Todos pensamos que los tacones les hacen las piernas más bonitas, que caminan más sexys y se ven femeninas. Eso nos atrae.

¿UN HOMBRE SALDRÍA CON UNA TONTA?

Un tipo listo no se enredaría con una tonta, pero tal vez la *usaría*. La mayoría de los hombres inteligentes no saldríamos con una tonta porque necesitamos saber que en la vida la mujer pude encargarse de cosas importantes, sobre todo si se piensa en matrimonio. No puede entrar en la fiesta de la oficina y portarse como una tonta. Digo, no hay problema en salir con una tonta guapa, pero nadie querrá casarse con ella.

¿QUÉ PIENSAN DE LAS MUJERES QUE LES INVITAN LAS COPAS?

Es una entrada total. En nuestra mente, si nos invitas la copa nos quieres completos. Y si creemos que nos quieres, el juego comienza y es tirar a matar.

¿QUÉ PIENSAN DE LAS MUJERES QUE BEBEN?

A algunos les gusta, pero a un hombre que no bebe no le agradará una mujer que lo haga. A ninguno le gusta una mujer borracha, a menos que sea en la preparatoria y estemos a punto de llevarte al dormitorio o al cuarto de hotel. A los hombres les gusta que las mujeres se porten como damas. Si bebes socialmente, bueno, pero si te caes, hablas a gritos y le dices que te gusta beberte la botella de un trago, habrá problemas.

¿UNA MUJER PUEDE COMPRARLE REGALOS A UN HOMBRE MIENTRAS SALEN?

Sólo si están en una relación comprometida, si no, él lo percibirá como señal de que a) lo quieres atrapar; o b) quieres recibir algo a cambio. Esperar a ver qué regala significa dejar que actúe como un hombre y te consienta. Los hombres de verdad suelen dar presentes a las muje-

223

res que les importan. Nota: agradece los regalos que te dé, pero ni por un momento pienses que si te da regalos significa que recibirás "el anillo" la semana entrante. Un regalo es sólo eso, no indica lo que viene. Sólo sus acciones, cómo declara, provee y protege, hablan de lo que siente por ti.

¿QUÉ PIENSAN DE LAS MUJERES QUE LES PIDEN DINERO?

No lo hagan al principio de la relación a menos que no les importe que las llamen convencieras. Pero si están en una relación monógama y comprometida, y tienes un problema financiero, hazlo y observa su reacción. Di: "Estoy en un aprieto, me da pena pedirte, pero, ¿podrías prestarme 100 dólares para hacer el pago y te los devuelvo en cuanto pueda?", la mayoría, si realmente les importas, no pensará mal.

¿DEBE UN HOMBRE APOYAR A SU MUJER CUANDO DECIDA PONER SU PROPIO NEGOCIO?

Sin duda. Pero si andas con un hombre cuya vida aún no está resuelta, que no sabe quién es, qué quiere y no gana lo que ambiciona, opondrá resistencia pues estará concentrado en lo suyo. Ahora, si es maduro, tiene lo que hace falta en su vida, te ayudará sin problemas, pues su virilidad está asegurada.

¿Les importa que su mujer no trabaje?

No, en lo absoluto. En ocasiones es casi una necesidad que ambos trabajen, pero si el hombre ya tiene una posición que le permita proveer lo que su familia necesita, no tendrá problemas con que su mujer se quede en casa.

¿Qué piensan de las mujeres que manejan?

Es el siglo XXI, así que a la mayoría de los hombres no les importa que una mujer no maneje. Dicho esto, sí hay los que prefieren manejar ellos y a veces se enojan si la mujer insiste. Y no sé en qué caverna viven. De hecho, no conozco a ninguno así.

¿Qué piensan de las mujeres a las que les gustan los deportes?

A la mayoría le agrada, pero lo que más valora es ver el juego en paz. Si no lo dejarás hacerlo, busca otra actividad.

¿A los hombres les gusta ir de compras?

Iremos por estar con ustedes, y si no hay de otra, pero no nos gusta. Piensen: en las tiendas departamentales el espacio del departamento de hombres es pequeño, en el primer piso, cerca de la puerta. No hay *juniors*, no hay alta costura. Es de entrada por salida. Rara vez verás a un hombre abrazando las camisas, y viéndose en el espejo y preguntándole a todo el mundo si se le ve mejor la verde o la azul. Entramos en la tienda conscientes de qué queremos y salimos con eso. Es raro permanecer allí, nos gusta ir de entrada por salida. De entrada por salida.

¿QUÉ PIENSAN DE LAS PAREJAS INTERRACIALES?

Depende del hombre. Pero ¿a quién le importa actualmente? No es la gran cosa, como antes. A mí no me importa. El amor viene en todos los colores y si uno encuentra el amor en una persona de otra raza, muy bien. Eso es lo que importa. Ahora, la mujer debe estar segura de que lo hace por amor, porque si hay algo horrible, es salir con otro por estatus, es una pésima razón para casarse, pero si es por amor, una porra para ellos.

¿POR QUÉ NO LES GUSTA EL APAPACHO DESPUÉS DEL SEXO?

Porque tenemos calor. Estamos cansados. Le echamos muchas ganas y estamos sudados y acalorados, queremos descansar y que esperen un poco antes de ponerse a nuestro lado y abrazarnos.

¿CÓMO LE DICES A UN HOMBRE QUE NO SATISFACE TUS NECESIDADES SEXUALES?

No es una buena idea decirle eso mientras maneja o preparan la cena. Nada bueno saldrá de eso. Cuando cuestionas las habilidades sexuales de un hombre, nos ponemos nerviosos y nos sentimos inseguros. Les sugiero hablar mientras están en el asunto. Somos más abiertos entonces. Puede ser algo como: "Me encanta que me hagas esto", y "así bebé, házmelo así". Seremos receptivos y atentos porque es mejor sentir que cumplimos sugerencias en lugar de escuchar quejas. Mientras estamos en eso, estamos dispuestos, en terreno seguro.

¿QUÉ HACEMOS SI QUEREMOS MÁS SEXO DEL QUE TENEMOS?

Hagan lo que hagan no empiecen la conversación con las palabras temidas: "Tenemos que hablar." Las defensas suben, las alarmas suenan y pensaremos que si íbamos a pasarla bien, el plan está a punto de arruinarse. En lugar de eso díganle a su hombre, de la forma más espontánea posible: "Quiero más y más de ti." Eso le hará saber que tiene que subir el listón y estará dispuesto a saltar, porque sentirá que lo amas, no que hizo algo mal.

¿CUÁNTO TIEMPO HAY QUE ESTAR SIN SEXO PORQUE PELEAMOS?

Un día de castigo es suficiente por una discusión. Si estás enojada por algo que dijo a los niños y no quieres tener sexo en la noche, está bien. Pero mañana, si sigues enojada y él te toca el hombro y le quitas la mano, hay problemas. A los hombres no les gusta que les priven del sexo por mucho tiempo. Ahora, si traicionamos su confianza de alguna forma, entendemos que hay que ganar esa confianza de nuevo. Eso lo comprendemos.

227

¿CÓMO SABER SI A UN HOMBRE LE GUSTAN LOS HOMBRES?

No lo sé. Sólo los gays o las mujeres que han salido con gays saben. Yo no puedo responder porque no caigo en ninguna de esas categorías.

¿QUÉ PIENSAN LOS HOMBRES DE LAS RELACIONES ABIERTAS?

Si a un hombre le parece bien que tengan una "relación abierta" o la ofrece, es que no estás en sus planes a largo plazo. No se ve en el futuro contigo. Ya le pueden parar a eso de "añadir calor" a la relación. Si un hombre te ama, no te quiere compartir con nadie, punto. Si encuentras a uno que lo propone, te mostraré a un hombre que no te ama. No somos así.

¿LES MOLESTA HABLAR DE SU PASADO?

Sí, es muy incómodo. Pensaremos que quieres hurgar profundo en nuestras almas, o juzgarnos mientras revisas el pasado. Claro que tienes derecho a saber cosas de tu pareja. Pero no se te ocurra preguntar en la primera cita o te contestará una mentira. Ni siquiera sabe si tienen futuro ni qué permanencia tendrás en su vida. No hay necesidad de desnudar el alma. Ni pierdas el tiempo preguntándole acerca de su mujer anterior. Dirá que le duele, mas no lo que le hizo. Dale tiempo a la relación y contestará aquello que quieres saber.

¿QUÉ PIENSAN DE UNA MUJER QUE QUIERE CONSERVAR SU APELLIDO DE SOLTERA?

A la mayoría le molesta. Piensen en las tres formas que un hombre manifiesta su amor: declarar, proveer y proteger. Y si no podemos decir: "Esta es la señora Harvey", nos arrebatan el mismo eje de cómo mostramos nuestro amor. Necesitamos su lealtad, y eso lo muestran adoptando nuestro apellido. No nos importa qué tan importante es tu papá o su familia, haremos una familia juntos. Él tiene que saber que estás tan comprometida con tu nueva familia como con la que te vio nacer. Pon los dos apellidos si quieres, pero debes llevar el apellido de tu pareja. Si no te gusta, ¿por qué no te casas con tu papá?

¿ES BUENO DARLE CELOS A UN HOMBRE PARA QUE VEA QUE PUEDES TENER A OTRO SI QUIERES?

No hay necesidad, lo sabemos. Tenemos claro que nuestra mujer puede irse con otro cuando quiera. Pero si te pones en ese plan, te metes en terreno peligroso. Hacerlo significa que él puede creer: "Dos pueden jugar el mismo juego" y salir con otra. Si lo haces porque no te presta atención, relee el capítulo "Los hombres respetan las reglas, prepara las tuyas", y usa alguno de los consejos para conseguir al hombre que mereces.

¿LOS HOMBRES ESTÁN DE ACUERDO CON QUE LAS MUJERES TENGAN AMIGOS?

Sugiero seriamente que todos las amistades masculinas sean suspendidas. Baja las fotos que tienes con tu amigo, no dejes que llame a la casa ni que te mande regalos; si esto continúa habrá problemas. Piénsalo: ¿Qué harías si tu hombre tuviera fotos de él con una amiga entre sus cosas? Te volverías loca. ¿Te gustaría que sus amigas llamaran a la casa para platicar con él? ¿O que aceptara flores? ¿Ya ves? Lo que digo es que debes evitar que tu pareja tenga sensaciones desagradables acerca de cualquier cosa. Punto. Formen un círculo de dos, y no dejen que entre nadie, menos "amigos hombres". Te alegrarás de hacerlo.

¿POR QUÉ ALGUNOS HOMBRES LE PEGAN A LAS MUJERES?

Por debilidad y por la necesidad de controlar algo en sus vidas. Pero me he dado cuenta de que los hombres que lo hacen no les pegan a los otros hombres. Así de cobardes son.

¿QUÉ PIENSAN DE LAS AMIGAS?

No importa que tengan amigas. Un hombre no te pude decir que no tengas amigas, es como si le dijeras que no puede ir a jugar golf. Las amigas están bien.

¿Qué piensan del chisme?

Lo odiamos. Pero sabemos que no hay manera de pararlo. Es una invasión de la privacidad, y tu hombre piensa que si con tus amigas hablan de las vidas ajenas, nada les impedirá hablar de él. Piensa en eso la próxima vez que aborden los asuntos de otras personas.

¿Los hombres hablan de mujeres con otros hombres?

No si se trata de "la indicada". Las esposas y las relaciones importantes son sagradas en las pláticas masculinas, porque uno no quiere que los demás estén pensando en la mujer que ama en términos sexuales, o románticos. Pero sólo si eres "la indicada", si sólo se divierte, hablará de ti, puedes estar segura.

¿Importa mucho la opinión de su mamá?

Miren, si no se llevan bien con la mamá y ella no piensa lo mejor de ustedes, la cosa se pondrá difícil. Cualquier mujer que lleve más de noventa días con un hombre debe haber conocido a la señora y a la familia, si no las ha presentado deben preguntarle por qué, o aceptar que a él no le interesa forjar una relación a largo plazo contigo. Pero no hay que dejarse. Si eres lo suficientemente aceptable para estar en su cama, eres suficientemente aceptable para conocer a su mamá.

231

¿SI A LA CUÑADA NO LE GUSTAS, ROMPERÁ CONTIGO?

Claro que no. Ningún hombre romperá con la mujer que ama por su hermana o cualquier otro miembro de la familia, exceptuando a la madre. La hermana no debe ir a la casa si no simpatiza con la mujer que él ama, eso aplica para todos los miembros de la familia, tíos, primos o lo que sea.

SI NO LE CAE BIEN TU FAMILIA, ¿SE QUEDARÁ CONTIGO DE TODOS MODOS?

Si pones a la familia por encima de él, se irá como rayo.

¿QUÉ PIENSAN LOS HOMBRES DEL PAPÁ DEL NIÑO?

Está bien, sabemos que el niño tiene papá y si está en la vida del hijo, habrá algún tipo de relación con él. Pero tu nueva pareja tiene derecho a estar en la casa con naturalidad: si los niños hacen algo mal, él puede decir algo, de lo contrario le quitas el derecho de ser el proveedor y protector. ¿Por qué comprar ropa para el niño, gasolina, comida, si no puede llamarle la atención? Tiene el derecho de ser una figura paterna, si no es que padre a secas, para él. Hay que encontrar el equilibrio: uno que le permita al padre biológico hacer lo suyo y a tu nueva pareja también. Si no le permites participar, puede ser una pista de por qué el papá del niño ya no está.

¿Y SI MI PAREJA QUIERE QUE SU EX Y YO SEAMOS AMIGAS?

Mira, sólo existen Hill y Jada Pinkett-Smith en este mundo y si ustedes logra ser como ellos, felicidades. Pero él sabe que hay pocas probabilidades de que sean amigas y no forzará las cosas.

¿ESTÁ BIEN LLAMARLO AL TRABAJO PARA HABLAR?

Si es para decirle: "Te tengo una sorpresa para cuando llegues a casa", es una buena interrupción, pero si es para comunicar un pequeño problema doméstico, es una mala interrupción. Aunque tengas ganas de llamarlo para decirle "hola", no es una buena idea.

¿CUÁL ES LA SEÑAL MASCULINA MUNDIAL PARA DECIR: "ESTOY PERDIENDO INTERÉS EN LA CONVERSACIÓN"?

Una vez que tu hombre te haya contestado la pregunta que le hiciste, o que cree que le hiciste aunque no le hayas preguntado nada, es probable que deje de escuchar, la señal sucede cuando contesta. Según él su solución resolverá lo que le hayas planteado y si sigues hablando ya no te atenderá.

¿QUÉ PIENSAN LOS HOMBRES DE LAS MUJERES QUE NO COCINAN?

La afirmación: "Yo no cocino" está muy de moda, y podemos ignorarla si eres una belleza que no sabe cocinar. Pero si estás casada, y no quieres cocinar, es ir demasiado lejos. No te esfuerzas. Los hombres agradecen que una mujer sepa hacer un buen platillo. Ahora, éstas son buenas noticias, todo lo que no sepas hacer en la cocina se balancea si sabes hacer cosas en la cama.

¿LOS HOMBRES EVALÚAN SECRETAMENTE SI UNA PODRÁ SER BUENA MADRE, ESPOSA, AMA DE CASA, ETCÉTERA?

Absolutamente. Cuando consideramos si la relación tiene posibilidades a largo plazo, pensamos cómo tendrías la casa, si serás buena madre, si podrás manejar las finanzas y tomar decisiones importantes. Ustedes deberían evaluar de la misma forma a los hombres.

¿QUÉ PIENSAN SOBRE CÓMO MANTIENEN LAS MUJERES SUS CASAS?

Los hombres no soportan a las mujeres que no son limpias. Cuando los amigos vengan a la casa, ¿creen que queremos recibirlos en una casa tirada? ¿Creen que nos agrada la idea de invitar a nuestras madres a sentarse en un sofá sucio, en una sala espantosa? No lo creo. Cómo mantienes la casa es un reflejo de cómo eres tú: la gente no entrará en tu hogar y dirá: "Qué bárbaro, que sucia tiene la casa", sino: "Esa mujer es una pésima ama de casa". No importa qué tanto cambie la sociedad, o cuántas responsabilidades acepten los hombres en el ámbito doméstico, la verdad es que todo el mundo espera que la mujer convierta la casa en un hogar. Un hogar limpio. Los hombres pensamos así: nos gusta cuando ponen flores, cuando encienden velas y sacan la vajilla. Claro que si los dos trabajamos y no hay tiempo para ello, es necesario apartar un pedacito del gasto para contratar a alguien que limpie. La casa, simplemente, no puede estar sucia.

¿A LOS HOMBRES LES PESAN COSAS ESPECÍFICAS COMO LA HISTORIA CREDITICIA DE UNA MUJER CUANDO PIENSAN EN UNA COMPROMETIDA?

Sí, porque determina qué tanto tendremos que trabajar y cuanto habrá que arreglar para ustedes. Pero no es algo que pueda destruir los planes para estar con alguien. Aunque puede ser un factor importante.

¿UN HOMBRE SE MUDARÍA POR EL TRABAJO DE SU MUJER?

Sí, las seguiríamos a otro lugar en pos de un buen trabajo y estamos seguros de nosotros mismos y tenemos la confianza de proveer y proteger de la forma en la que estamos acostumbrados. Pero si hemos de perder todo por lo que hemos luchado y no hay evidencia de que podamos recuperarlo, y ponernos sobre nuestros pies mientras están en su nuevo trabajo, la pelea será dura.

¿ESTÁN DISPUESTOS A VER A UN TERAPEUTA?

Estaríamos interesados si nos ayudara a salvar el pellejo. Si pensamos que vamos a perder la relación y que ir a terapia puede salvarla, iremos. Pero si no, no le vemos el chiste a sentarnos en un sofá a hablar con un extraño que sostiene una libreta y juzga todo lo que hacemos.

¿QUÉ PIENSAN SOBRE LAS SORPRESAS?

Nos gustan. Pero por favor no esperen la misma reacción que tendrían ustedes. No nos caeremos en pedazos, ni lloraremos de alegría por un regalo, por un viaje, o porque cocinen una cena deliciosa y romántica. No es masculino.

¿LES PREOCUPA QUE SUS MUJERES LOS ENGAÑEN?

No nos preocupamos tanto como se preocupan las mujeres. Sabemos que son diferentes, eligen con cuidado a su pareja y tienen estándares más altos respecto de la gente con la que deciden acostarse. Eso disminuye la preocupación en ese sentido.

AGRADECIMIENTOS

Quiero agradecer a los fabulosos radioescuchas de *El Show matutino de Steve Harvey* quienes me inspiraron a escribir este libro con sus preguntas sobre las relaciones.

Agradecer a Denene Miller, quien estuvo a cargo del abrumador trabajo de transformar mi lenguaje y de convertir mis muy personales frases en palabras adecuadas para el papel, aptas para ser leídas por el resto de la humanidad. En otras palabras, fue mi traductora y logró convertir mis ideas en algo profundo, que pueda disfrutarse al leer.

A Shirley Strawberry, mi coanfitriona en el programa y a Elvira Guzmán, mi publicista. Ambas se sentaron conmigo en cada sesión y junta de edición y me bombardearon con preguntas, escenarios y asuntos desde el punto de vista femenino que los hombres jamás podríamos intuir. Estas dos visiones, la de una mujer soltera y sin hijos y la de una mujer divorciada con un niño, me permitieron contestar un amplio espectro de preguntas. Sin ellas, este libro no tendría amplitud.

Amistosamente, me gustaría agradecer a Dawn Davis, quien nos encontró, a Bryan Christian, quien nos puso en el mercado, a Catherine Beitner, quien ayudó a correr la voz.

A mi esposa, Marjorie, quien ha llenado mi vida, la ha completado y le ha dado una paz tan maravillosa que me ha permitido a pensar más allá de mis circunstancias actuales. La alegría de su temperamento me ha vuelto un hombre jubiloso y me ha permitido ser más generoso de lo que jamás fui.

A mi padre celestial que ha creado todas las bendiciones de las que he gozado en esta vida, le doy la gloria, el honor y la alabanza.

Este material se terminó de imprimir en diciembre de 2009 en
Edamsa Impresiones S.A. de C. V. Av Hidalgo No. 111 Col. Fracc.
San Nicolás Tolentino C.P. 09850, Del. Iztapalapa, México D.F.